陪孩子
终身成长的
20堂
理想课

北京市妇女联合会　父母必读杂志社　编著

北 京 出 版 集 团
北 京 出 版 社

图书在版编目（CIP）数据

陪孩子终身成长的20堂理想课 / 北京市妇女联合会，父母必读杂志社编著． — 北京 ： 北京出版社，2023.7
ISBN 978-7-200-18130-2

Ⅰ．①陪… Ⅱ．①北… ②父… Ⅲ．①家庭教育—通俗读物 Ⅳ．①G78-49

中国国家版本馆 CIP 数据核字（2023）第134490号

陪孩子终身成长的 20 堂理想课
PEI HAIZI ZHONGSHEN CHENGZHANG DE 20 TANG LIXIANGKE

北京市妇女联合会　父母必读杂志社　编著

*

北　京　出　版　集　团
北　京　出　版　社　　出版
（北京北三环中路6号）
邮政编码：100120

网　　　　址：www.bph.com.cn

北京出版集团总发行
新　华　书　店　经　销
河北宝昌佳彩印刷有限公司印刷

*

889 毫米×1194 毫米　32开本　3 印张　63 千字
2023 年7月第1版　　2023 年7月第1次印刷
ISBN 978-7-200-18130-2
定价：29.00 元
如有印装质量问题，由本社负责调换
质量监督电话：010-58572393

前　言

坚定理想，开创未来

　　理想是照亮成长道路上的灯塔，也是激发人生奋斗的动力。围绕党的二十大胜利召开，北京市妇女联合会、北京市教育委员会、北京市关心下一代工作委员会于2022年共同推出"理想，一起向未来"家庭教育主题活动。以立德树人为中心，加强理想教育，引导孩子从小树立崇高远大的理想，为成长为担当民族复兴大任的时代新人而奋斗。

　　"你的理想是什么？"

　　孩子们给出了很多纯真的回答：

　　"我想当一名科学家。"

　　"我长大了想开一间蛋糕店。"

　　"我想研究各种各样的毛毛虫。"

　　"我想当一名飞行员，像鸟儿一样在天空中自由翱翔。"

　　……

　　这些关于理想最初的朦胧表达，就如同种子一般，种进孩子们幼小的心灵中，在家长的呵护下生根发芽，茁壮成长。

　　那么真正的理想是什么？家长应该为孩子的理想提供哪些支持？我们邀请了不同领域的专家学者和不同行业的优秀人员

一起解读理想教育的内涵，分享关于理想的成长故事，编写了20堂理想课，帮助家长将理想教育贯穿于家庭的日常生活中，发挥榜样力量，潜移默化地帮助孩子从小树立崇高远大的理想，将个人理想融入实现中国梦的伟大实践中。

在专家解读篇中，中国青年政治学院教授、青少年研究和社会工作专家陆士桢，中国青少年研究中心少年儿童研究所副所长、研究员洪明，北京教育科学研究院早期教育研究所所长苏婧，北京师范大学儿童家庭教育研究中心主任、教授、博士生导师边玉芳，北京小学党委书记、校长李明新，中国人民大学伦理学与道德建设中心中小学德育研究所副所长薛静，南京师范大学教育科学学院教授、博士生导师顾雪英，自然资源部第二海洋研究所副研究员唐立梅，中国科学院计算技术研究所研究员、博士生导师王元卓，从专业的角度深刻解读了理想的内涵，帮助家长了解如何将理想教育延展到日常生活里，根据孩子的特点，润物细无声地为孩子提供适宜的理想教育。

在故事分享篇中，中国人民解放军原北京军区空军副政委余爱水，自由式滑雪运动员、申办2022年北京冬奥会形象大使李妮娜，中国东方演艺集团国家一级编导周莉亚，北京五辰律师事务所合伙人、律师范新梅，2022年北京冬奥会和冬残奥会高山滑雪项目技术裁判员张正昊，中国首部大型水下生态系列纪录片《水下中国》导演周芳，北京市西城区培智中心学校校长芦燕云，合肥市轨道交通集团有限公司运营分公司电客车日勤队长宋能超，2022年北京冬奥会开幕式小号手朱德恩及其父母，北京盲人学校学生王正，北京小学学生侯张弈涵，分享理想故事，用自身成长的经历证明理想的实现与个人的成长是同步的，心怀祖国，树立远大理想，人生之路才能走得更远。

少年强则国强，理想教育是孩子成长中的一堂必修课。少年儿童是初升的朝阳，也是祖国和民族的希望，希望每个孩子在家庭的呵护下，在社会的关爱中，坚定理想，不负时代，开创未来！

《陪孩子终身成长的20堂理想课》编写组

目　录

专家解读篇

第一课
陆士桢：引导孩子树立远大理想，
挺起人生脊梁

受访人｜陆士桢（中国青年政治学院教授、青少年研究和社会工作专家）

理想是指引人生的航向。孩子的理想教育可以在家庭场景下进行，要以孩子能理解的具体的人或事为切入点，激发孩子主动思考，积极参与讨论，在潜移默化中自觉地把人生理想与社会、国家紧密结合起来。

引导孩子从小树立远大理想

一个孩子成长的关键是社会化，在新时代，我们应该让孩子认识到自己的理想要与社会、国家的发展紧密结合，引导孩子从小树立远大理想。

学习基本的生活技能

首先，随着年龄的增长，孩子要学习基本的生活技能，比如做饭、整理房间、洗衣服等。这些生活技能需要在生活中培养，父母不能以学习为理由，剥夺孩子学习生活技能的机会，而是要让孩子会生活、懂生活，为孩子创造更多在生活中学习各种技能的机会。

了解行为规范和社会规则

其次，孩子必须学习和接受一些行为规范和社会规则，做出符合行为规范和社会规则的行为。一方面，要让孩子了解相关规则是什么；另一方面，父母要给孩子做好示范，通过自身的行动潜移默化地帮助孩子掌握社会规则。比如父母要自觉带头遵守交通规则，自觉根据社区要求进行垃圾分类，等等。

承担相应的社会责任

最后，成长的重要标志是世界观、人生观和价值观的形成，其中对社会、国家的认识会构成一个人价值观的最基础的内容。父母应该让孩子有家国一体的概念，让他意识到社会的正常运转、国家的强大离不开每一个人的努力，让孩子明白每个人都有责任承担起相应的社会责任和国家重托。

用理想信念为人生导航

理想信念是一个人的人生脊梁。脊梁也就是主心骨的意思，当孩子确立了理想信念，人生才能有方向。"为中华之崛起而读书"是周恩来同志一生努力和奋斗的方向，对于孩子来说更是如此，确定了为人生奋斗的方向之后，即使遇到再大的困难，孩子也会有定力和动力克服困难并坚持下去。

继承和发扬家国情怀的文化传统

家国情怀是中华民族一直以来的文化传统，周恩来同志励志为中华民族的崛起而读书，袁隆平院士钻研水稻技术以解决中国人吃饭的问题，戍边战士陈祥榕因为坚守一线而付出了生命……正是因为有这样一批一批的人，才有了我们今天幸福的生活。每个家庭都应该把这种家国情怀世世代代地传递下去，在孩子的心中牢牢地种下家国一体的种子。

树立远大的理想，家庭在行动

家庭是孩子的第一所学校，父母是孩子的第一任老师，父母要在日常生活和学习中重视孩子的理想教育。

积极关注国家大事

与学校教育中系统化的理想教育不同，家庭场景下的理想教育更多的是渗透在日常生活中，是在生活的点点滴滴中完成的。因此，在家庭生活中，父母要经常引导孩子关心周围的人，关心社区的发展，关心社会的变化，关注国家大事。具体来讲，父母要以孩子能理解的人和事为切入点，多和孩子一起关注相关的新闻。比如可以带孩子去参观红色旅游景点，了解中国共产党的百年奋斗历程。

平等对话，引导孩子主动思考

在理想教育的过程中，孩子是主体，父母要引导孩子主动思考，可以通过对话的方式和孩子一起探讨一些重要的问题，在对话的过程中，引导孩子明辨是非，潜移默化地帮助孩子树立正确的意识，做正确的选择。

发挥榜样的作用

父母要积极发挥榜样的引导作用，给孩子讲一讲榜样人物的故事，让孩子在故事中潜移默化地树立远大的理想。同时，父母也要积极发挥自身的示范作用，为孩子做好榜样。比如带孩子积极参与社会志愿活动，在服务社会、服务他人的过程中，孩子既能体会到帮助他人的快乐，也能感受到来自他人和社会的温暖，这种快乐和温暖会推动孩子责任感及正确的人生观和价值观的建立。

第二课
洪明：榜样力量和家国情怀，
最好的理想教育

受访人 | 洪明（中国青少年研究中心少年儿童研究所副所长、研究员）

理想教育，首先要区分个人理想和国家理想。在这里我们谈的理想是指从国家角度看的未来的理想社会。理想社会是什么样的？个人理想与国家理想之间是什么样的关系？为了实现国家理想，每个人应该做出什么样的努力？

理想是国家和社会的共同理想

进行理想教育，我们要明确这里的理想特指国家和社会的共同理想，具体来说是指中国社会乃至人类社会未来要达到的状态。从古至今，人们都对未来社会充满了美好的期望和想象。

未来理想的社会是什么样的呢？共产主义社会为我们勾画了一个美好的蓝图，包括消除私有制、生产力高度发达、实现按需分配等。从我们的国家来讲，最高理想就是实现共产主义，近期理想是实现第二个一百年奋斗目标：到新中国成立100年时实现中华民族伟大复兴的梦想。

理想教育包括对如何实现共产主义这个最高理想的认识。理想社会的实现，要靠每一个人的努力，大家要一起朝着这个共同理想奋斗，每个人都应该树立这样一个观念。

理想教育为什么这么重要

理想告诉我们往哪儿去、怎么走、跟着谁走。我们要围绕着实现中华民族伟大复兴的共同理想，坚定不移地走中国自己的道路，一起向着这个共同理想奋斗。

理想对个人起引领作用，只有远大的理想才能激发强大的动力。个人命运要跟国家命运、时代命运相结合，个人才有价值、有意义。每个人都应以共同理想为志向，在这样一个大的范围内为国家和社会做贡献。

如何开展理想教育

在家庭生活中开展理想教育，父母首先应该认识和了解我们的共同理想，以及清楚实现理想的道路。在这样的前提下，父母还可以做以下两件事：发挥榜样的力量，引导孩子把个人理想与国家理想相结合。

发挥榜样的力量

用榜样故事引领孩子的成长，激发孩子思考为什么这些榜样人物能把实现国家的共同理想放在首要位置上，以国家和民族的利益为先。从古至今，这样的榜样人物有很多。比如铁人王进喜，他以"宁可少活二十年，拼命也要拿下大油田"的拼搏精神率领队友打出了大庆第一口油井，为我国石油事业贡献了自己的力量。

这些故事容易理解，而且少了说教的意味，也更能被孩子接受。通过了解这些榜样人物的故事，能潜移默化地引导孩子

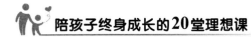陪孩子终身成长的20堂理想课

以这些人物为榜样，让孩子认识到应该像这些榜样人物一样，以国家和民族为先，为实现共同理想而奋斗。

个人理想与国家理想相结合

国家理想的实现离不开每个人的努力和奋斗，而个人的价值主要是通过职业创造的，所以家长在对孩子进行职业规划教育的时候，要引导孩子把个人理想与国家理想结合起来，统筹谋划。

基于这样的前提，如何引导孩子选择和确立职业方向呢？职业选择的过程也是对自我认识的过程。首先，家长要引导孩子认识自己，弄清楚自己的兴趣爱好、个性禀赋等。其次，家长应该让孩子了解不同的职业，建立对职业全方位的认识，知道每份职业背后都有相应的酸甜苦辣。孩子的职业选择应该遵循三个基本原则：兴趣匹配、价值匹配、能力匹配。

兴趣匹配。兴趣是最好的老师，能激发孩子主动学习和探索。如果选择的职业方向恰好是孩子的兴趣所在，这将会成为他职业发展的助力器。

价值匹配。即职业的工作属性、工作环境、倡导的价值理念、创造的财富等都和孩子的价值观一致，这些是孩子认同和喜欢的。

能力匹配。一份好的工作会有很多人竞争，要想获得这份工作，就需要付出相应的努力，学习相应的知识。

虽然职业有分化，相应的收入有高低，但家长要明确地告诉孩子职业并无高低贵贱之分，无论选择什么样的职业，更重要的是让孩子认识到要在相应的工作岗位上，为共同理想的实

现做出贡献。家长可以结合自己的工作内容，谈一谈这份职业为国家的发展做出了什么样的贡献，让孩子意识到即使是平凡的岗位，也可以做出不平凡的业绩，实现自己的价值。

第三课
苏婧：种下一颗理想的种子

受访人 | 苏婧（北京教育科学研究院早期教育研究所所长）

理想是指人对未来的想象和希望，对学龄前阶段的孩子来说，这个概念有些抽象。理想教育有必要开展吗？答案是肯定的，但一定要尊重孩子的身心发展规律，提供适合其年龄特点的理想教育。

孩子关于理想的朦胧表达

在被问到长大后想做什么这个问题时，孩子们有各种各样的回答：钢琴家、科学家、网络主播、幼儿园老师……这些都是孩子们关于理想的朦胧表达。这些之所以能被听到，是因为我们越来越注重倾听孩子的心声，允许孩子自由表达，这是尊重孩子的表现。但这些关于理想的表达只是孩子当下的想法，并不能准确地展现孩子现在与未来之间的关系，我们既不能夸大，也不能完全否定，而是应基于孩子的身心发展水平，恰如其分地看待孩子的想法。

这些想法是模仿来的

孩子关于理想的表达其实是受到了身边人的影响，孩子在学习、模仿他们。比如在幼儿园里，小朋友特别愿意模仿老师，这是因为在孩子眼里老师有一定的权威，而且唱歌、跳舞、美工样样精通。不仅如此，这些模仿还经常会出现在孩子的游戏中，比如孩子自己扮演老师，把玩偶当成学生，一本正经地给这些"学生"上课。孩子会在这样的游戏化体验中，充分感受到自主安排的快乐。

变化才是常态

当然，孩子的理想职业会随着时间的推移及自己的经历、感受发生改变，比如前几天想当科学家，过几天又希望成为宠物医生。对于这种变化，父母不必较真，也不必焦虑，从科学家到宠物医生的转变可能是因为孩子最近看了一段关于宠物医生救治小狗的视频，或者是接触了受伤的宠物。随着生活经验的变化，孩子对于理想的想法也在跟着兴趣点而发生变化，这种变化是孩子的常态。

适宜的理想教育这样做

孩子对于理想的一些变化充分说明了孩子具有很强的可塑性，父母可以把握孩子的这个特点，给他提供适宜的理想教育，进行正确的教育影响。

注重品德教育，明确未来要培养什么样的人

理想教育与未来要培养什么样的人是一脉相承的，新时代强调教育的根本任务就是立德树人、培根铸魂、启智润心，所以理想教育首先要注重孩子的品德教育，培养孩子从小养成良好的品德，为孩子涂上人生的最佳底色，这是立人之本。品德教育的实施应该由近及远，从孩子熟悉的人或事开始。父母应该引导孩子从爱身边的人开始，比如从爱爸爸妈妈，逐渐到爱老师，爱身边的小朋友，再到爱幼儿园，爱家乡，爱祖国，等等。

尊重孩子的兴趣和发展意愿

要尊重。理想往往与职业联系在一起，但是职业有不同，父母不能用自己的眼光判断一个职业。父母要尊重每一个职业，同时也要尊重孩子的发展节奏，认识到孩子是作为一个独立的个体存在的，在这个基础上，引导孩子发现自己的兴趣，逐渐找到自己的人生方向，确定职业理想。

多体验。幼儿园有很多职业体验活动，比如做小小糕点师，到消防队参观，还有认识不同职业的课程，这些都是在帮助孩子探索自己的兴趣，为未来的职业选择做准备。需要特别提醒的是，孩子的成长其实也是一个逐渐社会化的过程，从一个独立的个体发展成一个社会人，无论孩子将来树立什么样的理想，从事什么样的职业，都应该让孩子意识到他是社会的一分子，能为社会做出自己的贡献。

种一颗理想的种子，让孩子对未来产生向往

孩子不是生活在真空中的，经常会被生活中发生的事情影响，父母可以结合社会重大事件开展相应的家庭主题活动，比如在航天员执行神舟十四号载人飞行任务的那个阶段，父母就可以选择孩子感兴趣的点，带孩子关注相关新闻，给孩子讲一讲航天员的故事，或者带孩子走进博物馆，观看航天模型等。

无论是故事还是体验，都会在孩子的心中留下印象：这些航天员是了不起的英雄，要向他们学习，长大后也要成为像他们那样的人。这种印象其实就是一颗关于理想的种子，这颗种子会在孩子心中开始萌芽。

理想的树立离不开家庭的影响

理想的树立一定离不开父母的影响。在日常生活中，父母要特别注重自身的示范作用，比如当看到国旗升起的时候，父母表现出的肃穆、庄重也会传递给孩子，增强孩子对国家和民族的认同感。同时，父母也要特别注重家庭氛围的营造，多传递正能量，为孩子提供一个浸润式的成长环境。比如积极关注、讨论国家大事，让孩子意识到自己不是一个独立的个体，而是与国家、社会紧密相关的未来公民，让孩子在潜移默化中意识到个人的理想会对社会和国家产生什么样的影响，有什么贡献。

第四课
边玉芳：理想教育从挖掘兴趣开始

受访人 | 边玉芳（北京师范大学儿童家庭教育研究中心主任、

教授、博士生导师）

理想教育是伴随着孩子对世界认知的拓展，帮助孩子认识
自我，发现自我，从而找到未来的人生目标和方向的过程。受
访人从挖掘孩子的兴趣和激发孩子的内在动力两个方面进行分
享，并强调社会需要不同的人才，可以通过阅读引领孩子成长，
孩子的每一种理想都值得守候。

在丰富多彩的生活中挖掘孩子的兴趣

在孩子成长过程中，家长的其中一个重要的作用就是挖掘
孩子的兴趣，发现孩子的潜能，而这与孩子将来的职业选择可
能会有直接或间接的联系。在2022年北京冬奥会上，我们看
到了很多优秀的运动员，他们很多都是从小就有了对冰雪运动
的兴趣，后来才把兴趣逐渐发展成了职业。其实这就是理想教
育的过程：在成长的初期，先在孩子心中种下一颗理想的种子，
然后静待这颗种子慢慢生根发芽，最后长成参天大树。

为了找到这颗理想的种子，家长一定要让孩子多接触外面
的世界，进行更多的尝试，为孩子打开一扇又一扇的窗户，比

如多到博物馆、科技馆和动物园等，让孩子的生活变得更加丰富多彩，在其中发现孩子的兴趣和潜能，为将来做好准备。

给孩子心灵自由，培养成长的内在动力

理想的实现一定会经历一段曲折的过程，除了兴趣以外，家长更应该帮助孩子找到成长的内在动力，使孩子为理想的实现坚持不懈地奋斗。

保护孩子的好奇心

其实这种内在动力孩子天生就有，每个孩子都是"好奇宝宝"，会提出各种各样的问题，这种好奇心其实就是内在动力，家长如何对待和回应孩子的好奇心是关键，当好奇心得到满足之后，孩子会乐在其中，产生更多的好奇，这样就能进入一个良性循环。

给孩子自由的时间和空间

另外，孩子还拥有一种天性，就是会"胡思乱想""天马行空"，家长也应该支持和保护孩子的这种天性。一方面，家长要给孩子留一些时间，允许孩子发呆和自由想象。另一方面，家长要给孩子空间，允许孩子提出一些听起来不怎么符合大众思维的想法，如果给孩子设置的条框太多，在孩子的世界里只有标准答案，孩子肯定就只能受制于外在的管束，而缺乏自由成长的内在动力。

通过阅读引领孩子的成长

除了支持和引导以外，家长还可以用优质的图书，通过阅

读引领孩子的成长。除了读童话和文学故事以外，家长还要倡导孩子多读一些人物传记，让孩子找到一个值得尊敬和崇拜的偶像，这对孩子坚持自己的理想能起到更好的激励作用，帮助孩子更好地面对成长道路中的磨难。

每一种理想都值得守候

　　每个孩子的兴趣可能都不一样，相对应的理想也都不一样，但理想并无大小之分，社会需要多种多样的人才，只要孩子找到了与自身潜能、兴趣和各方面能力相匹配的方向，每一种理想都值得家长去守候。当按照上述方法，帮助孩子积极地认识世界、探寻自我时，孩子就不是无本之木，而是处于一种既能脚踏实地又能仰望天空的状态，这不仅是理想教育的终极目标，也是一种理想的生活和人生状态。

第五课
李明新：理想教育的前提是做人的教育

受访人 | 李明新（北京小学党委书记、校长）

开展理想教育之前，更重要的是帮助孩子形成健全的人格，具体包括良好的习惯、正确的品行和美好的情感，这也是做人的教育。如果缺失了人格的教育，理想教育就会落空。围绕这个目标，学校有哪些活动和举措？家长又该如何执行和实施？

学校：兼顾文化、学科和活动育人

学校开展的育人活动主要有以下三个方面：第一个是文化育人，第二个是学科育人，第三个是活动育人。

文化育人。学校的校园文化体现了学校对孩子成长的方向性引领。以北京小学的校训"脚踏实地做事，顶天立地做人"为例，其中后半句是告诉孩子，成长的首要目标就是要学会做人，而且要做堂堂正正的中国人，做一个未来有益于国家、社会和人民的人。而要实现这个目标，就需要脚踏实地做事。作为一个学生，脚踏实地做事体现在既要学好知识，同时也要在生活中锤炼自己，在老师和家长的指导下形成健全的人格。

学科育人。除了学校开设的道德与法治课以外，其他学科也都要以育人为首要目标,通过生动活泼的教学,不仅是教知识,更重要的是把做人的教育融入其中,让孩子能理解和接受并自觉践行。以语文课为例,通过课堂或者在阅读中孩子能了解到很多伟人和他们的丰功伟绩,这些伟人为了实现自己的理想甚至献出了生命,这会在孩子心中种下一颗理想的种子。

活动育人。学校每个学期都会开展丰富多彩的主题教育活动,比如加入中国少年先锋队时,学校会专门举办一个隆重的入队仪式,还会邀请家长一起参加,讲一讲他们成长的故事,从而对孩子的心灵起到震撼的作用,给孩子留下深刻的印象。除了入队仪式以外,还会有生日会、毕业典礼等丰富多彩的活动,让孩子在潜移默化中得到激励和引导。

家庭:"五养"指导下的协同育人

李校长结合自己多年的教育经历和实践,把儿童的成长总结成了五个关键词:慢养、顺养、牧养、素养、调养,即"五养"指导方针,引导家长的育人观念走到正确的、科学的轨道上来,实现家庭与学校的协同育人。

慢养。这是指儿童教育不能图快,要尊重儿童成长的规律,耐心地等待着儿童一点一点地成长。

顺养。这不是说要顺着孩子,而是要顺木之天,要承认差异,尊重人的个性,挖掘人的潜能。

牧养。我们的教育不应该圈养孩子,而是应该像草原上的牧人为牛羊寻找肥美的水草一样,我们的教育的一个重要的责任是为孩子寻找和发掘成长的资源,然后激发孩子成长的积极性、主动性，让他们获得更好的发展。

素养。素是指日常、平时，素养就是指在日常生活中应该培养的素质。素质不能速成，只能靠一点一滴培养。素质的培养在家庭每一天的生活中，在每一顿饭的规矩中，在家长和孩子每一次的交流中，在每一次的待人接物中。素养在学校就是在每一堂课中，在每一次教育活动中，在每一次做课间操的过程中。素养就是要强调养成教育，强调养成教育就要强调家校的合作。

调养。这一关键词借鉴了中医理论，一个孩子只有德智体美劳全面发展才能实现身心的和谐，在这个过程中教育既要扬长又要补短。比如道德方面的短就要补，学生的道德出了问题就一定要重视起来。又比如一个人的身体健康、心理健康如果出了问题就一定要补，一定要调养。

做好示范和榜样

在孩子成长和发展的过程中，有很多值得学习的榜样，但最重要的榜样还是父母。这是因为孩子还没有形成稳定的世界观、人生观和价值观，总会受到身边成人的影响，而他和父母相处的时间最长，所以父母对孩子的影响最直接。孩子的问题往往是父母问题的折射和反映，越小的孩子表现得越明显。父母的以身作则和引领示范作用是非常重要的，父母希望孩子成为什么样的人，首先父母要努力成为什么样的人。

别让陪伴简化成了陪学

　　和学校教育一样，家庭中的理想教育首先关注的也是孩子的身心健康和人格教育，而不能只停留在学习上。因此，父母对孩子的陪伴不能简单地变成陪学，但现实生活中，很多父母天天问孩子学什么了，得多少分，却很少关注孩子和同学的相处是否愉快，生活中是否遇到了难题，是否每天做到了坚持锻炼身体，等等。

　　陪伴体现了一种情感，"伴"就是朋友，父母和孩子要建立一种亲密的、可信赖的依恋关系，如果父母只是扮演陪学的角色，最后就会一步步地演变成孩子的焦虑情绪和父母的更高要求，甚至会因此发生亲子冲突。

第六课
薛静：让孩子在认识自己、
了解世界中探寻理想

受访人 | 薛静（中国人民大学伦理学与道德建设中心

中小学德育研究所副所长）

真正的理想是什么？父母应该为孩子提供哪些支持？家庭理想教育与德育工作有什么关联？

理想是什么

理想不是孩子一时的想法

在孩子成长的过程中，父母可能听到过不少类似的表达："我想当一名糕点师。""我想成为幼儿园老师。"这些都不能称为孩子的理想，它们只是孩子当下的一个想法。想成为糕点师，可能是因为他刚吃到了好吃的点心；对幼儿园老师这个职业感兴趣，可能是因为孩子觉得幼儿园老师很厉害。

这时候父母应该怎么做呢？首先，父母不要急于否定孩子的想法，应该好好地倾听，比如问问孩子为什么会想当一名糕点师。其次，根据孩子的回应，引导孩子进一步思考如果成为一名糕点师，如何做出好吃的糕点，做糕点需要哪些原料，用什么样的机器，需要学习哪些食品营养相关的知识……最后，

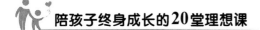

父母可以帮助孩子把想法和对话记录下来，当孩子长大了，父母可以把这份记录拿给孩子看，让孩子知道曾经他有很多想做的事情，这些真实的成长记录可能也会影响孩子将来的人生选择。

理想是个人期待与社会要求的统一

理想教育最核心的是引导孩子思考成为什么样的人。真正的理想应该是既能满足个人对自我的期待，又能符合社会对个人的要求，体现着孩子对自我、对世界的认识，而这些都需要孩子一点一滴地去发现和积累。

带孩子认识世界。在孩子成长的最初阶段，父母的主要任务就是尽可能多地带孩子拓宽视野，用他感兴趣的方式去体验和感受，从而丰富对世界的认识，也逐渐了解自己的兴趣所在。比如到博物馆去参观，阅读书籍，参与体验活动，等等。

给孩子分享行业信息或故事。父母还可以分享给孩子一些与时代紧密相连的行业信息或故事，增进孩子对不同行业的了解，认识不同行业在社会发展中发挥的不同作用。孩子了解的行业信息越多，视野越开阔，对他发现自己未来的职业方向就越有利。建议父母从自己的工作或行业领域入手讲故事给孩子听，这是父母的"主场"，是父母擅长的领域，讲起来更容易，感受也更真实，对孩子来说一样是新鲜有趣的。这样一来，孩子不仅听得认真，父母在孩子心中的权威也树立起来了，这也是榜样的力量。孩子还可以把这些认知分享给他的小伙伴，这也是一种让孩子在社交中有话题、有谈资的好方法。

理想教育与学校的德育工作一脉相承

理想教育与学校的德育工作是一脉相承的，理想教育是开展德育工作的重要抓手。在不同的学龄阶段，德育工作的重点也不同：小学阶段，引导孩子思考成为什么样的人；初中阶段，让孩子知道做什么样的事，才能成为这样的人；高中阶段，孩子需要了解怎么做事，才能成为想成为的人。

无论孩子将来决定从事什么行业，学校开展理想教育中最关键的一条就是要强化孩子对国家的认同，勇于积极承担社会责任。学校一般是通过这几个方面开展活动的：仪式感教育、校园文化建设和各个学科中的德育。

仪式感教育

每周一的升国旗仪式是学校里普遍存在的仪式感教育。每逢周一的升国旗，都要进行奏国歌、行注目礼或少先队员行队礼、国旗下讲话等系列仪式，每经历一次这样的仪式，就完成了一次对孩子思想的洗礼，增进孩子的国家意识和民族情感，使其意识到自己作为中华民族的一分子，要积极承担建设祖国、报效祖国的责任。

在家庭场景中，父母也能通过简单的行动营造相关的仪式感，比如全家人围坐在一起，每天一同看《新闻联播》，或者陪孩子一起看《开学第一课》，或者共同观看重大活动开幕式，等等。父母和孩子一起了解国家大事，通过这样的仪式感和相关讨论，激发孩子的爱国情和责任感。

校园文化建设

除了仪式感以外，学校还会通过文化建设，让孩子在潜移默化中接受熏陶，比如学校橱窗里有包括社会主义核心价值观、学校校训等的展示，引导孩子积极向上；比如学校里有随处可见的书籍，有书香校园建设活动，能为孩子提供源源不断的精神滋养；比如经常开展少先队队课、共青团团课；等等。家庭也可以打造全家人一起学习、进步的环境和氛围，制定或修订家训，对一些重大事件展开讨论，定期召开家庭会议，等等。

各个学科中的德育

德育无处不在，德育不只是教导主任的事，也不全是班主任的任务，每一个学科都可以讲德育，因此学校是把德育放在全科教育里的。比如地理老师可以给孩子讲一讲祖国的大江大河、秀丽的山川，它们给我们带来了富饶的物资和赖以生存的家园；音乐老师可以带孩子学习并演唱《我和我的祖国》等歌曲，欣赏中国传统民乐；数学老师可以给孩子讲一些数学家、科学家的故事，启发孩子从他们的故事中获得力量；物理、化学、生物等学科的老师可以结合当前的现实发展问题进行延伸教学，比如芯片、航空领域的探索与发展等，让孩子意识到只有学好这些基础学科，才能成为相关领域的顶尖人才，才能发挥自己的作用和价值。

理想教育的开展也应该如此延展在生活里，父母无论是带孩子品尝美食、采买物品，还是外出旅游，都可以润物细无声地对孩子进行爱国主义教育和人生理想教育，生活处处都是教育契机，理想教育更不例外。

第七课
顾雪英：理想的职业道路，
需要科学规划

受访人｜**顾雪英**（南京师范大学教育科学学院教授、博士生导师）

　　理想更多的是与职业联系在一起，依托具体的职业而实现的。如何帮助孩子选择理想的职业，如何做好科学的职业生涯规划？总体来看，职业规划要从懂自己和明环境两个方面入手，对自我的认识越全面，对环境的分析越清晰，就越能做出一个智慧的选择。在孩子成长的初期，我们的关键任务还是帮助孩子认识自我，但更多的是要从职业发展的角度去考量，这也是一个不断发展的过程，不同的阶段面临不同的任务。

了解兴趣

　　兴趣是最好的老师，在职业选择时也要考虑兴趣的要素，这也是孩子成长初期要重点培养的。对于"长大了，你想干什么？"这个问题，幼儿园的小朋友可能会说当歌唱家、美术家、医生、老师等，也可能会说想去卖菜、修鞋等，这些答案大多数都是孩子基于在日常生活中的活动或体验产生的，比如他可能经常和妈妈一起去菜市场，那里卖菜的阿姨非常和蔼可亲，所以他长大想去卖菜。在这个阶段，家长要让孩子有更多的阅

历，参与更多的活动，在不同的体验中发展孩子的好奇心和兴趣，并对其形成向往。

随着成长，孩子的兴趣不能只停留在业余爱好的层面，而是要努力把兴趣变成擅长的能力。

兴趣的变化是常态

很多家长观察到孩子的兴趣总是在发生变化，这是正常的现象。我们的一生都处在这样动态的变化之中，只是在某个节点上需要做出一定的选择，比如孩子对钢琴、美术、舞蹈都感兴趣，但是在有限的时间内，家长不能满足孩子的所有需求，要在其中做出取舍。正是因为这些变化是常态，家长才能更好地发挥引导作用，让孩子有机会去尝试和体验，比如孩子突然有一天对剪纸感兴趣，那就为他准备好剪刀和纸，让孩子动手剪一剪。

测一测

职业测评也是帮助孩子分析自身特点的有效工具，能通过不同的维度和相应的题目去评估个人的兴趣、爱好、特点，相当于多一只眼睛来了解孩子。但是家长千万不要被测评禁锢。比如通过测评发现孩子适合学艺术，但孩子是否真正地选择艺术还需要了解更多的信息和资讯做判断。

激发动力

在活动中积极的情绪体验是孩子的动力来源和能坚持下去的重要判断依据，主要体现在两个方面，一方面是享受过程和结果，另一方面是有能力把这件事情做好。

　　以剪窗花为例，孩子本身就很享受剪的过程，而且看到剪好的图形很好看，把窗花贴到窗户上之后感觉整个家庭环境都变得美观了，也就是说做这件事情让孩子获得了愉快的感受。另外，孩子能剪好窗花这件事情本身也提高了孩子对自我的评价，有时候还能获得别人的夸奖。这两方面都会驱动孩子积极主动地坚持做一件事。但需要提醒的是，这些感受都源于孩子亲身体验之后的判断，所以家长一定要多带孩子参与到具体的活动之中。

　　孩子身边的家长、老师和朋友等这些重要的人对他的认同和评价非常关键，这是帮助孩子建立自信的来源，因此刚开始一定要多给孩子肯定和鼓励。

进行关联性思考

　　关于未来职业的选择是一项复杂和具有挑战性的任务，涉及兴趣、能力、优势、环境等不同的方面，不能只从单一的角度去考虑，比如很多孩子听完一个心理学主题的讲座，感觉很好玩，但是真正到了专业学习的时候可能就会发现并非那么有趣或者并非适合自己。正确的做法是结合"我喜欢做什么""我能干什么""我适合干什么"及对环境的认识，进行关联性思考。

第八课
唐立梅：让孩子成为科学家，需要做什么

受访人｜唐立梅（自然资源部第二海洋研究所副研究员）

　　唐立梅是一名研究海洋地质的青年科学家，她曾随着"蛟龙"号完成第72次下潜任务，登上"雪龙"号参与中国第34次南极科学考察，是我国首位兼具大洋深潜和极地科考两项经历的女科学家。

　　像很多小朋友一样，唐立梅从小就有一个科学梦，但当时只是一个很懵懂的想法，最终她靠自己一步步的努力和坚持，总算是实现了梦想。

科研路上的乘风破浪

　　唐立梅曾和付文涛、叶聪两名潜航员一起搭乘"蛟龙"号在西太平洋的采薇海山下潜，下潜深度至2774米，完成了第72次下潜任务。随着下潜深度的增加，他们看到了不一样的景色。下潜到300多米的时候，海底完全黑了，这时候第一个发光生物出现了，它就像流星一样从科考船的观察窗前划过。后来这样发光的生物又出现了很多，它们就像天空中的星星一样一闪一闪的，有一种"海底星辰"的感觉。有时候它们又聚在

一起，就像一棵晶莹的雪树在海里漂来漂去，可能受到了"蛟龙"号的打扰，它们一下子又散去了，像是夜空中绽放的烟花。下潜到2740米的时候，唐立梅和两名潜航员打开了探照灯，映入眼帘的是一片白茫茫的沉积物，感觉就像到了"海底外太空"。

后来，唐立梅又搭乘"雪龙"号，参加了中国第34次南极科学考察，极地里的冰川雪原、蓝天飞云，以及企鹅和海豹，这些都给她留下了深刻的印象。同时，穿越魔鬼西风带也是一段令她难忘的经历。在去往南极中山站的时候，科考船会穿过魔鬼西风带，也就是南纬45°到60°之间的一个区域，这个区域的风浪特别大，就像坐海盗船一样，躺在床上要紧紧地拉着窗帘，要不然就会从床上翻下来。

让孩子觉得科学是一件好玩的事情

在大多数人的印象中，科学家都是在实验室里埋头苦干，专注于自己的事情，这确实是科研人员应该有的专注和坚韧，但是这种形象在孩子看来，可能是枯燥、无趣的，所以唐立梅觉得，要激发孩子对科学的兴趣，父母首先要让孩子了解到科学是有趣的，有广阔的自我展示舞台。唐立梅经常面向青少年开展科普讲座，一般都会给孩子讲一讲自己在野外采集样品时的见闻，尤其是像南极、太平洋海底等一般人不太容易抵达的地方。她分享看到的企鹅、极光、冰川、神秘的海底世界等，这些有意思的经历都可以激发孩子对科考和海洋研究的兴趣。

唐立梅的女儿特别崇拜妈妈，因为妈妈能去南极，在电视

上看到"雪龙"号，她会很兴奋地说："妈妈，这是你之前坐的船吗？下次你能带我一起去南极吗？"虽然现在的她，看到的只是坐船去南极这件事情，但这是一颗种子，只要给它充分的滋养，就可能有生根发芽的一天。在孩子的成长阶段，父母需要给他提供引导，可以通过介绍，也可以多带孩子参加一些科普类活动，科学技术协会、天文馆等很多机构一直在做相关的活动，这些都会激发孩子的科学兴趣。

鼓励思考，注重创新

对科研工作者来说，创新至关重要，高精尖的技术都需要依赖于创新才能完成。无论是方法创新、观点创新，抑或是研究手段的创新，都要以深度思考为基础，因此在孩子成长的过程中，家长要鼓励孩子多思考，只有思考才能看到事情的本质，才有助于发现问题，找到创新的具体点。现在的孩子正面临快餐文化盛行的挑战，家长更需要在生活中引导孩子进行深度思考，可以用他们喜欢的方式进行深度思考，比如将科学知识编辑、制作成易传播的短视频，也不失为一种思考的方式。

让孩子有实实在在的获得感

激发孩子对科学的兴趣，就要让孩子有实实在在的获得感，比如让孩子感受到整个社会对科学家的尊重，了解科学考察的重要性，等等。当然，这离不开外界的宣传和引导，唐立梅一直坚持在做科普工作，其实也是希望通过分享更多关于科研的乐趣，给孩子做好示范，激发孩子的科学兴趣。父母可以在生活中引导孩子多关注科研成果的转化、科学家的动态，让孩子感受科学的价值和魅力。

培养孩子积极的心态

科学家的工作跟大部分人的工作一样，都有好玩的和不好玩的部分，唐立梅经常向孩子展示的野外科考经历，这些算是相对轻松、有趣的部分——每年会有两个月的时间去野外采集样品，其他内容也许在孩子看来是不好玩的——昼夜待在实验室里，分析样本数据，形成学术观点，发表科学论文。她也会告诉孩子，虽然在实验室里的工作看起来枯燥无趣，但是他们都期待着之前采集的样品能呈现出新的科研数据，有新的发现和成果。只有保持这种积极乐观的心态，才会对自己所做的事情产生不同的感受，也享受其中。无论孩子最后能不能成为科学家，这种看待事物积极乐观的心态的培养都很重要。努力把自己变成一颗小太阳，所到之处都是明亮的。孩子总会有各种各样的"为什么"，发现问题是孩子思考的基础。面对孩子的提问，父母是否能马上解答是其次，首先在态度上要积极，包括积极寻找能帮助孩子解答问题的途径，这是对孩子好奇心的一种保护，也是对孩子积极乐观心态培养的一种示范。

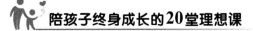

第九课
王元卓：把理想分解为一个个小目标

受访人 | 王元卓（中国科学院计算技术研究所研究员、博士生导师）

理想的实现往往会经历一个曲折的过程，理想是由一个个小目标组成的。理想教育可以从帮助孩子完成一个个小目标开始，在日积月累和潜移默化的作用下，小目标自然而然就会发展为大目标。

把理想变为一个个具体的小目标

王元卓在带博士生的时候，经常会问他们的问题就是："你现在想做什么，毕业了想做什么，未来想做什么？"这三个问题其实是一个不断演化的目标，也是他当前努力学习、工作和开展科研的指引。其实孩子的教育也是一样，王元卓说他不会给孩子讲人生观，孩子听不懂，他也讲不明白，他更希望自己的孩子在日常生活中能够完成一件件小事或一个个项目，比如读完一本书，写一份读书笔记，然后慢慢地完成了很多事情。

主动给孩子设计一些小目标

最近几年，王元卓花了一定的时间和精力做科普教育，尤其是用手绘的方式。他的小女儿也会跟着他一起去创作，小女儿给自己设立的目标就是要写一个故事，同时也配上插画。现在王元卓和小女儿的新目标就是一起完成一本关于世界地图的手绘。

每年过了小年之后，王元卓和家人会一起做一系列迎接春节的事情：画葫芦，装饰墙壁，剪窗花，写对联，贴对联。这些家庭行动已经坚持了很多年，变成了他们的习惯，每年到这个时间点，孩子们会主动去想今年要剪什么样的窗花，写什么样的对联，等等。以写对联为例，孩子们想到这些对联可能会在家里贴一整年，可能会被同学看到，因此会提前好好练习。

让孩子有成就感

除了设计目标以外，在孩子完成任务之后，要积极地鼓励孩子，并让孩子把这些作品展示给其他同伴和朋友看，这些都会让孩子获得一定的成就感。这也会激励孩子积极主动地去做下一件事，为自己设立新的目标，而这些其实也让孩子获得源源不断的学习动力。

在潜移默化中确立职业领域的大目标

孩子的成长就是通过完成一个个小目标实现的，家长不断地陪着孩子完成自己的目标，慢慢地，孩子不只是停留在做完这一件事，而是对自己的时间有了规划意识，比如三年级的时候做些什么，小学阶段完成什么样的作品。这时候小目标就已经进阶成了大目标，而且是在潜移默化中完成的。随着孩子年龄和阅历的增加，可能就会萌生对某一职业的兴趣，积极主动地树立自己的职业目标，那这时候理想教育就水到渠成了，孩子也自然会为实现这个大目标而努力。

故事分享篇

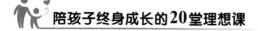

第十课
余爱水：一入军营，终身为国

受访人 | 余爱水（中国人民解放军原北京军区空军副政委）

余爱水是空军少将，也是中央财经大学博士生导师和兼职教授，在这多重身份的背后有一个共同点——保卫祖国，保持对祖国和人民的热爱，这也是余将军的人生写照。余将军用自身的经历告诉我们，理想的实现与个人的成长是同步的，只有心怀祖国，树立远大的理想，人生之路才能走得更远。

从普通士兵到共和国将军

偶然的参军机会

余将军告诉我们，对他的一生来说，参军是一个非常正确的选择，在解放军这个大熔炉里，无论是认知、视野，还是品格，都得到了全方位的锤炼和提升，也是从这里开始，为国家、为人民服务的信念在他的心中扎下了根。

高中毕业后，余爱水回到了家乡。有一天，一个要好的同学让余爱水和他一起去体检，当时余爱水以为自己体检过不了关，因为他体形偏瘦，所以觉得自己身体素质不好。但幸运的是他顺利通过了所有项目的检查，而且体检结果表明他的身体素质非常好。这与余爱水在学校里经常参加体育运动有关，他是学校篮球队、乒乓球队和跳高队的队员，还擅长跑步和游泳，而且他们那一代人从小就帮家里干农活，每周还要在学校参加半天的体力劳动，这些都帮助余爱水获得了一个健康的体魄。

除了身体条件达标以外，在政治思想水平和工作能力上余爱水也都符合参军入伍的要求。从小到大，他一直在学校担任学生干部，高中时曾担任学校的团总支副书记，那时候学校没有书记，实际上全校的团工作都是余爱水在负责，而且他已经申请入党。就这样，他搭乘去往西北高原的列车，开始了军旅生涯。

艰苦的条件与无限的干劲儿

余爱水当年参军的部队驻扎在青藏高原上，那里的生活环境、饮食习惯等与他出生和成长的地方完全不一样。余爱水的家乡山清水秀，四季常青，雨季到来的时候，余爱水还能下河里捉鱼，是名副其实的鱼米之乡。但到了部队以后，他吃的都是玉米窝窝头和青稞面馒头，一个星期才能吃上一顿米饭。这里的气温非常低，即使是四五月还要穿棉衣。虽然条件艰苦，但他感受到的一切都是美好的、兴奋的。这不仅是一种积极乐观的心态，也是对未来美好生活的向往与憧憬，而且他对能为国家贡献自己的力量，感到特别兴奋，干劲儿十足。

对于这种艰苦的条件，在上学阶段余爱水早有体会，那时候并没有觉得生活有多艰苦，反而因为每天能读书、学习而开心。

坚决服从命令，认真完成任务

凭着初生牛犊不怕虎的勇气，余爱水敢干敢闯，在一次次

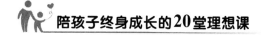

执行任务的过程中，他从一名普通士兵蜕变成钢铁战士。他成长在解放军这个大集体中，因为对中国共产党和解放军的绝对信任，所以无论接到什么样的任务，他都坚决服从命令，坚持完成任务。

第一次给全连讲政治课。在下连队满3个月的时候，指导员交给余爱水一项任务——给全连讲40分钟的政治课，题目是"资产阶级法权"。这是马克思主义理论当中非常重要的内容，余爱水在学校曾学习过政治经济学，对这个内容有一定的了解，但要完成40分钟的课程却也并没有那么容易，而且当时指导员只给了他两天的时间进行备课。于是他找到相关的书籍，进行更深入的研究，最后总算完成了任务。课程讲完以后，一位下连当兵的兰空司令部的参谋向指导员反馈："这个战士了不起，这个问题我们讲不了，但他讲得很清楚，对我都有启发。"指导员听完也很高兴，鼓励余爱水要多承担这方面的任务。

后来余爱水多次给连队讲政治课，还承担了办黑板报、写文艺演出的剧本等任务。虽然之前他都没有接触过这些任务，但凭着感觉和探索去做，确保完成上级交给的任务。有一次演出队参加营里的会演获得了第一名，后来代表营里参加团里的演出，又获得了第一名。

带病参加比赛。有一次，余爱水代表连队参加师里的军事比赛，但在比赛期间，他因为用凉水洗头而生病了，体温将近39摄氏度，但他坚持带病完成了比赛，并获得了全市第一名的成绩。

从爱学习的少年成长为有理想的青年

余爱水在部队的快速成长离不开前期在学校的学习和锻炼，不仅包括知识的学习，还有精神的塑造。除了他自身的努力以外，更离不开3位恩师的知遇之恩，在他们的引领下，余爱水登上了一个更加广阔的舞台，为他后来的成长和发展打开了大门。

第一位恩师叫徐柱堂，他是余爱水的启蒙老师。当年余爱水跟着叔叔去放牛，是许老师建议他要去读书，要不然余爱水可能就成了放牛娃。事实上，余爱水的学习成绩挺好，后来还当上了班级的学习委员。

第二位恩师叫李鼎新，他是余爱水小学五年级的班主任。小学毕业后，为了生计，余爱水跟着父亲学裁缝，李老师先后两次到余爱水家，说服余爱水的父母让他继续读书。到了初中，李老师还推荐他参选班干部，最终他以满票当选了排长（也就是现在所说的班长）。许老师和李老师的引导开启了余爱水的读书生涯，这是决定他人生轨迹的两个关键时刻和重大选择。

第三位恩师叫吴德滋，是余爱水初一的班主任。吴老师在学校的时候就已经入党，一直都用正确的、进步的思想来引领学生。后来，吴老师介绍余爱水加入共青团，而后余爱水顺利当选团支部书记。从这时候开始，余爱水的政治意识萌芽，遇到情况会从社会、国家、民族等更加宏观的角度思考问题。在高中时余爱水就有了入党的人生理想，高中二年级的时候，他提交了入党申请书，也从一个爱学习的少年转变成了一个有理想的青年。

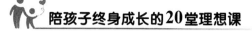

持续学习，不辜负党和祖国的重托

成为专家型的领导

因为一直牢记责任和使命，所以在部队的生涯中，余爱水学习的脚步从未停下。在他到达领导岗位之后，更意识到自己必须要钻研专业知识，成为专家型的领导，才能无愧于党和祖国对自己赋予的使命、信任和重托。在战友的引荐下，余爱水有幸跟随泰斗级的学者、我国财政理论的主要奠基人之一的许毅老师攻读经济学博士学位。在博士上课期间，有时候余爱水因为工作实在脱不了身，就让同学帮忙录音，回头再自行学习，最后他用两年的时间学完了三年制的课程，完成了19万多字的博士毕业论文，顺利拿到了毕业证书。

发挥余热，回馈社会

从工作岗位退休以后，余将军心怀对党和祖国的感恩，希望能发挥余热，回报党和祖国对他的栽培，把自己长期学习、观察、思考、实践所积累的成果分享给更多的人，因此除了带硕士生和博士生以外，余将军也应邀积极地做教育主题的专题讲座，继续通过教育的方式传播思想和理念，希望能带动大家一起努力，共同建设我们的国家和民族，早日实现中华民族的伟大复兴。

第十一课
李妮娜："雪上公主"的披荆斩棘
之路，不断出发

受访人 | 李妮娜（自由式滑雪运动员、申办2022年北京冬奥会形象大使）

李妮娜是许多冰雪迷的偶像，是申办2022年北京冬奥会形象大使，她曾在相对小众的运动项目——自由式滑雪空中技巧上取得巨大的成功。她参加了四届冬奥会，并于2006年都灵冬奥会和2010年温哥华冬奥会两次获得女子空中技巧赛亚军。此外，她还史无前例地连续三年蝉联世锦赛冠军，是当之无愧的"雪上公主"。

无论是作为运动员，还是申办2022年北京冬奥会的形象大使，抑或是新手妈妈，李妮娜一路披荆斩棘，不断出发。支持她一直为夺冠理想而奋斗的力量是什么？她一次次转换身份，重新再出发的勇气来自哪里？

赛场上不断挑战自我极限，鼓足勇气再出发

夺冠是每一名运动员的理想，但夺冠之路的背后必定离不开汗水和伤痛。看过自由式滑雪空中技巧比赛的人都知道，空中技巧很酷，但它也是一项危险的运动，运动员不仅要加速冲向跳台，还要飞得很高，穿着又重又长的雪板在空中翻转，做

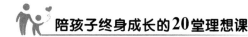

出指定的动作。滑雪空中技巧运动和跳水不同，雪地很硬，如果动作做失败了，人就会重重地摔在地上，很容易发生意外。

在运动员的职业生涯中，李妮娜曾经不止一次受过很严重的伤，她曾重重地摔在雪地上当场失去知觉，也曾双腿打满钢钉，但是当我们和她聊起这些伤病时，她只是淡淡地说："我还算幸运，基本没受过什么严重的伤。运动员的伤病是不会像感冒一样好了就没事了的，我身上的很多伤想要彻底治好是不太可能了，只有不断地加强肌肉力量来起到保护作用，没有什么更好的方法。"原来，在我们常人看来那些严重的运动损伤，她都已经轻轻地"放下"。她一直在用顽强的意志力不断地挑战自我极限，在一次次失败后，又一次次重新鼓足勇气，终于站在世界最高领奖台上，为国争光。

致力于冰雪运动推广，帮助孩子了解冰雪运动的魅力

李妮娜认为在运动中得到锻炼的并不只有身体，更重要的是一种面对逆境的智慧和勇气，甚至是对自我极限的挑战，有如涅槃重生。因此，除了运动员的身份以外，李妮娜一直都致力于冰雪运动的推广工作，她还担任了申办2022年北京冬季奥运会的形象大使，在现场听到北京获得2022年第二十四届冬季奥林匹克运动会的主办权的时候，"我觉得就像自己拿到了奥运冠军一样"，她当即泪洒现场，一方面是为北京拿到了主办权而激动，另一方面是为能推动更多的人了解和参与冰雪运动而开心。

李妮娜介绍其实冬奥会的比赛项目在国内还比较冷门，很

多父母对于冰雪项目不太了解，甚至有误解，他们觉得冰雪运动"玩"的成分比较大，并且季节性很强，装备也很麻烦，运动环境寒冷恶劣，动作还很危险，种种因素都使得父母对冰雪运动有些排斥。李妮娜强调，正因为冰雪运动所处的环境不同，所以它比其他运动更能锻炼孩子的体魄，更可贵的是还可以塑造孩子坚毅的品格。其实孩子只要按照要求穿戴好装备，运动伤害是可以得到有效控制的。有些孩子通过参与冰雪运动，可能发现了这项运动的魅力，若干年后，也许他们就是我们国家冰雪运动的生力军。

持续学习，为适应妈妈身份披荆斩棘

和很多新手妈妈一样，世界冠军的育儿之路也是一路披荆斩棘。生宝宝时，身体受过多处伤的李妮娜遭受的痛苦远远超过一般产妇，不过看到宝宝一切平安，她就安心了。

世界冠军遇到淘气的宝宝，有时也束手无策。李妮娜笑着说："我曾经看过很多育儿书，也曾经对于教养自己的孩子有过很多想法，立志想做一个不吼不叫的温柔妈妈，但是孩子有时候是真调皮，情绪一上来，我也很难控制住自己。不过事后我又会后悔，自责为什么对孩子发脾气，这点恐怕和所有妈妈经历的心路历程都是一样的。不过，我现在慢慢开始有意识地控制自己的情绪，要给孩子做好榜样嘛！"

谈及对孩子未来的希望，李妮娜表示，希望孩子学习一个自己喜欢的运动项目就可以了，至于参加不参加比赛、拿不拿冠军都不重要。她认为，在运动中孩子可以学到课本上学不到

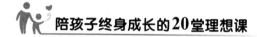

的知识，比如坚毅果敢，永不言败。同时，她也希望每个孩子都能拥有自己在体育方面的兴趣爱好，当孩子拥有强健的体魄，祖国的未来才更有希望！

第十二课
周莉亚:《只此青绿》总编导的理想之旅

受访人 | 周莉亚（中国东方演艺集团国家一级编导）

周莉亚是《只此青绿》的总编导之一，大多数观众是通过这部舞剧认识她的，但在此之前无论是《沙湾往事》，还是《花木兰》《永不消逝的电波》《杜甫》，这些剧目一经推出都引起了不小的轰动。编排舞剧是周莉亚进入这个行业时就有的理想，她是如何不懈地追逐自己的理想的呢？她能接连创作出很多优秀舞剧作品的秘诀又是什么呢？

《只此青绿》：一次全新的尝试，一场乐此不疲的冒险

在2022年春晚的舞台上，当看到舞蹈演员用动作的高低错落展现出千里江山的层峦叠嶂时，大家无一不为这非凡的创意、唯美的画面所折服。用肢体语言来展现内容、传达情感是舞剧的魅力所在，也是困难所在。这也是舞剧与话剧等其他舞台艺术不一样的地方，舞剧编导增加了一项"翻译"工作——把内容和情感翻译为肢体语言。

"翻译"像《只此青绿》这样写意的作品更不容易，而且这也不是周莉亚和搭档韩真编导擅长的类型，之前她们联手打造的《沙湾往事》《永不消逝的电波》等都属于叙事作品，虽然在

《杜甫》中尝试过这种写意的风格，但经验不是特别丰富。不过作为创作者，周莉亚也希望能走出自己的舒适圈，尝试创作不同风格的作品。尽管这样的尝试是一次冒险，但她也乐此不疲。

在《只此青绿》最后的排练阶段，由于一些原因，舞美道具、服装等都无法运到北京，是否能按计划展演也充满了不确定性，多重压力积聚在一起，让周莉亚情绪失控。在一次排练时，周莉亚坐在漆黑的观众席上大哭了一场，但紧接着就擦干眼泪，想办法解决问题，继续投入排练中。

创作一部作品就像是翻山越岭，每往上爬一点，路就更难走一些。周莉亚告诉自己一定要带着团队向前冲，作为领头羊，她必须要把所有的困难都扛下来。好在周莉亚和韩真这对"双子星"搭档的经验丰富，配合默契，最终给我们带来了不一样的艺术盛宴。

圆梦北京舞蹈学院，一步步实现"拿麦克风说话"的理想

在成为编导之前，周莉亚也曾经作为一名舞蹈演员在舞团工作了5年。但是她一直都没有忘记过自己想进入北京舞蹈学院学习的理想。一次意外的车祸，让她重新点燃理想之火，她辞去了工作，开始备考北京舞蹈学院。除了专业课的考试以外，周莉亚还面临着文化课的压力，工作之后再重新捡起这些知识，需要很大的勇气，也真的需要拼一把，而且当时只剩下两个多月的复习时间。但理想的力量是无穷的，最后，无论是专业课还是文化课，周莉亚都顺利通过了。

　　她在北京舞蹈学院学习的就是编导专业，当她第一次作为编导参与编排舞剧作品时，在一次排练结束回酒店的路上，一位前辈半开玩笑地说："这个丫头以后是要拿麦克风说话的。"其实这也是周莉亚自己的理想，她要做自己的舞剧。好作品需要时间的积淀，也需要认真的打磨，周莉亚在确定了自己的事业理想之后，开始脚踏实地地去实现自己的理想。在排演《永不消逝的电波》时，她在上海住了5个月，这还不包括前期的创作阶段，她认为只有经过这样细致的打磨，作品才可能经受住市场和观众的检验。

　　一场舞剧就像是一台复杂的机器，每个零部件都要协调好才能正常运转，除了作品创作以外，周莉亚还在不断地学习和摸索整个团队的运营，包括统筹项目周期、和剧院沟通、做宣传方案等，因为任何一个环节都可能会影响作品最后呈现的效果。

　　《只此青绿》还在全国不停地巡演，周莉亚和韩真两位编导却已经马不停蹄地开始了新的创作。周莉亚认为每一部作品的成功或受到欢迎，在下一部作品开始的时候，都会成为过去，创作者必须要有归零心态。因此周莉亚提到她这段时间都不再接受外界的采访，希望自己能安静下来，只有这样才能更快地进入新的创作状态之中。

新的理想：让舞剧被更多人看见

　　随着《只此青绿》受到观众喜爱，周莉亚说她肩头的担子更重了，她也有了更多的理想，那就是让观众被看见，让演员被看见，让舞剧被看见。

让观众被看见

周莉亚说，《只此青绿》之所以受欢迎，不仅是因为观众青睐于舞剧的美，更是因为观众对中国优秀传统文化的认同和支持，所以这份荣誉也属于所有充满文化自信的中国人。她作为艺术工作者，应该用更多的艺术形式展现出中国文化之美，让人们拥有这份自信。

让演员被看见

舞蹈演员都是从很小就开始练习舞蹈的，吃了很多苦，受过不少伤，他们值得被看见。但受限于舞剧的表演及传播形式，很多优秀的舞者不容易被观众熟知，《只此青绿》让更多的观众认识了这些在舞台上默默无闻的演员，他们的名字被观众记住了，还接到了媒体采访，或是收到品牌合作的邀约，这让周莉亚感到很欣慰。

让舞剧被看见

在第十二届艺术节的开幕式上，《永不消逝的电波》作为开幕式演出，这让周莉亚特别自豪，她说这份自豪不是因为这是她的作品，而是因为舞剧这种表演艺术形式能在艺术节开幕式被更多的人看到，是属于舞蹈人的荣耀。周莉亚现在的理想就是，能通过自己的努力，带动更多有才华的人加入舞剧创作，带动整个舞剧行业的发展，让更多的观众感受舞剧的魅力。

第十三课
范新梅：追逐理想，探寻自我价值

受访人｜范新梅（北京五辰律师事务所合伙人、律师）

范新梅是一名资深律师，除了律师的本职工作以外，她还积极投身法律知识的公益宣讲，并荣获了2019年全国维护妇女儿童权益先进个人的荣誉称号。她告诉我们，理想的实现就是一个不断发现乐趣和自我价值的过程，理想教育也是一个"培养什么样的人"的过程。

兴趣是坚持理想的动力

在被问到为什么会成为一名律师时，范新梅提到当年她并没有清晰的职业规划，高考填报志愿时主要考虑的是将来的就业问题。除了这个朴素的愿望以外，范新梅说她之所以选择报考法律专业，与自己最初对律师的认识和了解息息相关。在她小时候电视台播放了很多律政题材的电视剧，"印象中最早的时候我看了一部名为《法网柔情》的电视剧，剧中的律师形象很酷，于是我也在心里默默地想，如果长大也能成为一名律师就好了"。范新梅这样说。后来《今日说法》这档节目也对她产生了一定的影响，听法学教授一边分析案情，一边讲解法律知识，范新梅感觉很过瘾。范新梅走进大学校园后，每一次上法学课

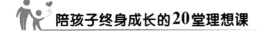

就像走进了《今日说法》的演播室，有机会与教授们面对面讨论，她更加坚信自己的选择是正确的。

无论从事什么样的行业，范新梅认为兴趣是最开始的动力，对于法律知识的学习更是如此。但她说这并不是决定性因素，刚开始的时候可能因为不了解，所以感觉没有兴趣，但坚持一段时间之后可能感兴趣的点就出现了。范新梅提到，刚入学的第一年法学专业就会开设法理课，这门课主要是讲解法律的底层逻辑，深奥难懂，如果没有兴趣，很难坚持下去。但是等学完法理课，再开始学习部门法的时候，比如《刑法》《民法》《家庭教育促进法》等，就会觉得这些学习内容会生动得多，自然也更容易培养自己的兴趣，而且在这个行业待得越久，就越能发现它的魅力。

理想与担当并存，更有价值

很多时候兴趣并不是一开始就有的，尤其是刚从学校迈入职场，兴趣需要自己慢慢去发现和寻找。在工作的过程中，范新梅一直在努力培养兴趣，寻找成为一名律师的乐趣。因此，除了本职工作以外，范新梅也投身公益事业，比如给大学生进行普法宣传、进行妇女儿童权益宣讲等。她说这也是律师工作的乐趣所在，除了办理具体的案件、处理法律事务工作，还能用自己的所学给更多人普及法律知识，从中她感受到了自己的价值。

2016年，在《反家庭暴力法》刚刚出台的时候，范新梅受妇联工作人员的邀请，解读这部法律的内容。由于这部法律刚出台不久，范新梅对这方面的法律也不是特别了解，她就先自己学习、检索资料，等理解、消化之后，再准备课件，最后向当地的村民科普。范新梅说她去过最多的地方就是北京市的延庆区，虽然路程远，但她结识了许多志同道合的朋友，还提升了自己的普通话水平。最关键的是，通过帮助别人，范新梅从中也感受到了自己的价值和作用。刚开始时，当地的村民法律意识淡薄，自己权益受到侵犯的时候也不知道如何求助、维权，甚至不知道自己的权益受到了侵犯，但是听了范新梅讲的普法课，他们逐渐建立了维权意识，懂得了法律求助，慢慢地，改变真的就发生了。被社会所需要，能帮到别人，感受到自己的价值，这种精神上的回报比物质回报让范新梅更有成就感，她说会把法律知识公益宣讲活动一直做下去。

因为普法的次数多了，范新梅和当地村民好像也变成了朋友、家人，慢慢地，就觉得有了一种要帮助朋友、家人生活得更好的责任感。这种责任感其实就是一种家国情怀——每一个人融入社会的时候，自己在责任感上迈出的一小步，就是社会整体责任感的一大步。

引导孩子从小规划目标，树立理想

如何引导孩子规划目标、树立理想，范新梅提到这就需要家长努力下功夫。

首先，要鼓励孩子做自己想做的事。让孩子探索自己的内心，看看自己到底想要什么样的东西，这样将来的幸福感才会更强。

其次，培育肥沃的家庭土壤。对孩子来说，家庭就是成长的土壤，如果土壤特别贫瘠，就长不出壮苗。因此父母要多带孩子去见识外面的世界，可以通过阅读，也可以用带孩子多交朋友、出去旅游等方式，让孩子从小拥有更加广阔的视野，为孩子的成长提供滋养。

最后，帮助孩子树立道德的根基。理想教育对应的就是"培养什么样的人"，因此从小帮助孩子建立正确的是非观非常重要。很多名人都有过小时候干了什么"出格"的事，被父母制止和教训的记忆，并将这样的经历视为引他们走上正道的契机。父母不能溺爱孩子，要是非分明，严守底线，从小事入手，帮助孩子建立清晰的是非观念，夯实道德根基。

第十四课
张正昊：主动规划自己的人生

受访人｜张正昊（2022年北京冬奥会和冬残奥会高山滑雪项目技术裁判员）

从滑雪爱好者到滑雪教练再到滑雪裁判员，张正昊靠着自己的努力，登上了2022年北京冬奥会的舞台，他用自己的行动告诉所有人，理想的实现并不是一蹴而就的，而是要主动做好规划，一步一个脚印地朝理想迈进。

圆梦冬奥的0118号推雪员

在2022年北京冬奥会和冬残奥会上，张正昊作为高山滑雪项目的裁判员参与其中，能登上这个最高体育赛事的舞台，是张正昊一直以来的理想。

担任大型比赛的裁判员对于张正昊来说并不是第一次，在190多人的裁判团中，每位裁判员的分工都各有不同，只有几个工种的裁判员会出现在赛道上，但能像运动员一样在赛道上滑行的只有一种，就是推雪员，张正昊就是30多位推雪员中的一位。

运动员滑行结束后，身穿SIDE SLIPPER红马甲的推雪员就出现了，他们要完全按照运动员的路线，绕过相应的旗门杆，从起点滑到终点，这时推雪员不仅需要高超的滑行技术，

同时还要让雪道保持平整，保证下一场比赛中运动员的安全性和比赛的公平性。身穿0118号红马甲的就是张正昊，在比赛中，他最多的一次是推了20多次雪。

除此之外，在冬奥会的赛场上，让张正昊印象深刻的还有他参与了赛道的第一次注水工作。根据奥组委的要求，高山滑雪项目的赛道必须是冰状雪，这要通过在雪面上注水才会形成。这是中国克服重重技术难关后，开辟的首个注水滑雪赛道，张正昊作为唯一的中国裁判员，和外国裁判员一起完成了赛道的第一次注水工作，紧张之余更充满了无限的自豪感。

一步一个脚印，从滑雪少年到滑雪教练，再到滑雪裁判员

理想始于兴趣

张正昊从小就特别喜欢户外运动，妈妈经常带他参加单位组织的户外活动，他也表现出对滑雪、滑冰、骑摩托车、打乒乓球等各项运动的浓厚兴趣。只要孩子喜欢，妈妈就会全力支持，会给他买专业的设备。

张正昊在新疆出生、长大，当地有得天独厚的滑雪条件，而且滑雪也是当地冬天唯一的户外运动。很快，张正昊在滑雪运动上表现出了很强的学习能力，掌握了很多滑雪的姿势和技巧，这给张正昊带来了很大的自信心和满足感，他对滑雪的兴趣更加浓厚了。即使要坐1个小时的公交车，每年冬天张正昊都坚持到滑雪场滑雪。

追逐理想要具备敢于坚持的勇气

但张正昊真正成为一名滑雪教练，要从高考后说起。张正昊说自己从小学习不是特别好，高考时考上了青岛的一所学校，当时正迷恋滑雪的他提前到学校考察了一圈后，发现这所学校不能滑雪，决定不去报到了，想在家乡当私人滑雪教练。可是以个人名义发出去的招生帖子并没有什么回应，他决定继续苦练滑雪技术，并成功地应聘上了当地一家国际滑雪场的滑雪教练。

张正昊说只要是自己感兴趣的东西，他的学习能力就会特别强，当时他所在滑雪场的队长的滑雪技术在新疆是数一数二的，张正昊就一直跟着队长学习，并刻苦练习。恰好第十三届全国冬运会的高山滑雪项目在他工作的滑雪场举办，张正昊凭借过硬的专业技能成了那届冬运会的滑雪裁判员。

对于没上大学，而当滑雪教练的决定，张正昊的妈妈当时并不是特别理解，担心孩子这是"不务正业"，但爸爸没有强烈反对，从小到大，爸爸一直很支持他的决定，给了他充分的自由和空间，也帮助他形成了独立思考的能力。不过，好在滑雪场的工作环境很好，在这里工作的张正昊状态也非常好，使妈妈放下心来。

不安于现状，主动寻求新挑战

滑雪场的工作让张正昊觉得很是舒服、自在，但似乎又缺了点什么。伴随着2022年北京冬奥会申办成功的消息，张正昊有了新的梦想，他希望到"大城市"去闯一闯，那里可能会有更接近冬奥会的机会。于是，他在队长的引荐下，先是到了

北方一所著名的滑雪场工作。因为接触了大量的上海游客，张正昊又对上海这座城市产生了憧憬，这次他没有找任何人引荐，自己找到上海排名靠前的几家滑雪俱乐部的联系方式，拨通了电话毛遂自荐，最终获得了工作机会。

在上海工作的几年，张正昊又趁着休息时间几乎走遍了上海的博物馆，打开了眼界，也成长了不少。由于之前有担任冬运会裁判员的经历，又有各种机缘巧合，张正昊获得了2022年北京冬奥会裁判员的预选资格，当时上海共有5名候选人，张正昊就是其中之一，经过层层选拔，他终于以过硬的滑雪技术如愿圆梦，来到北京，成为2022年北京冬奥会和冬残奥会高山滑雪项目的技术裁判员。

在实现了担任最高体育赛事裁判员的理想之后，张正昊又选择走出舒适圈，主动寻找新的挑战，他在新疆开了一家属于自己的烧烤店，希望在经营企业这条赛道上重新出发。

第十五课
周芳：无畏年龄，勇敢追梦

受访人 | 周芳（中国首部大型水下生态系列纪录片《水下中国》导演）

周芳是一名水下纪录片导演，她用了将近3年的时间，走了24个城市，拍摄出中国第一部也是世界第一部从水下视角展示中国的纪录片《水下中国》。通过镜头，她把中国的水下故事传递给了全世界。成为水下纪录片导演是周芳30多岁时的决定，她在没有相关经历的情况下，依然选择了勇敢追梦。她用自己的故事告诉孩子，每个人都应该有自己的梦想，任何时候追梦都不晚。

保持好奇，努力经营好自己的爱好

从高中开始，周芳的业余爱好就是摄影，她喜欢拿着胶片相机到处去拍照，但当时她并没有想过要把摄影当成未来的职业选择。按照原来的成长路线，周芳从中国人民公安大学毕业后，应该成为一名英姿飒爽的女警，后来她发现自己不喜欢按部就班的生活，就有了考研转行的念头。本科毕业后，周芳选择一边工作，一边考托福，最后成功地考取了MBA。然后和大多数同学一样，她选择到投资银行工作，一路以来凭借自己的努力晋升为高管。按照一般人的想法，这已经是一条可以一直

走下去的成才之路了，但她却因无意中看到同事在水下拍摄的写真集而另辟蹊径了。

那是2012年，当时水下摄影这个新名词一下子就吸引了周芳的注意力，她顺利地拿到了潜水证，然后采购防水装备，开始尝试水下摄影。她很喜欢拍鲨鱼，每次和其他人分享照片时，都要重复地讲述当时是什么样的场景，为什么要拍这些画面。周芳开始思考：如果不是拍照而是拍视频，是不是能更直观、更清楚地展现出水下的故事感？于是，在水下拍照变成了水下拍视频，然后，她将视频剪辑成了一个个小短片，慢慢累积成较长的影片。

理性抉择，为梦想投资

2015年以前，周芳都是利用假期或业余时间进行水下拍摄和制作，但她慢慢地意识到，如果想做出真正的、有价值的内容，兼职可能无法有充足的时间满足这些要求。水下纪录片有一种巨大的魔力，让她愿意为之付出一切，所以在30多岁的时候周芳选择了辞职，全身心地投入水下摄影的工作。除了对摄影的喜爱，她也很喜欢这种生活方式——在行走的过程中记录、分享和传播。

周芳不是冲动型的追梦者，因为有在投资银行工作的经历，她在经过理性判断之后，才决定全职做水下纪录片，她将这次转行看成一次投资，只不过是为自己的梦想投资。当时国内海洋或其他自然题材类的纪录片很少，更别说水下纪录片了，周芳很有信心在中国组建出专业团队，拍出专业的水下影视作品，带大家看到不一样的水底世界。虽然这是一个非常小众的领域，但她觉得这件事未来一定很有前景。

周芳面临的挑战是如何从一个爱好者转型到专业的从业者。没有受过影视制作的专业训练，她只能从零开始，除了恶补专业知识以外，更多的是在实践中不断地提升自己各方面的能力，这种在实践中学习的方式效果还不错。

打破限制，坚信自己想做的事情

刚开始的几年，周芳主要拍摄世界各地的海底世界，希望给国内观众分享国外的海底世界，并完成了"潜行天下"系列纪录片的拍摄和制作，共包含十几部作品。后来有一次，周芳到北极进行冰下拍摄，同行的俄罗斯教练骄傲地分享他们在中国抚仙湖下潜的经历，并询问她有没有到过抚仙湖底。这时候周芳开始意识到，中国的水底一样神秘和美好，有可以分享给世界的好东西。当时的几个工作伙伴都很认同她的想法，但却对拍摄内容持怀疑态度——中国水下有什么可拍的呢？但周芳坚信，国外的人都觉得很神奇，我们自己更不能没有了解就先自我否定。于是周芳用了将近3年的时间，走了24个城市，最终完成了《水下中国》这部水下纪录片，向世界展示了黑暗洞穴、水下古城、古今沉船、秘密花园、生命绿洲、海底粮仓等六大不同的中国水下奇观。

父母无条件的信任给了孩子"靠谱"的能力

周芳从小生活在部队大院，是在"散养"中长大的，父母给了她很大的自主空间。大院里没有什么可以玩的东西，小时候的周芳要不就是满山遍野地跑，要不就是在旁边的小溪里游泳。因此，周芳从小就形成了自由自在、不受拘束的性格。上学后，她会自己安排起床、去学校、写作业的时间，每天放学后，还会打两个小时的篮球，到点准时回家。因为父母给了她足够的空间，所以她也很珍惜父母的信任。在教育自己女儿的过程中，周芳认为最重要的是要让孩子学会自律，因为其他人的约束总是有限的，但是父母要给孩子全力的支持和信任。

在这种环境下成长，周芳从小到大都是那种不需要父母特别操心的孩子，很有主见，认定了一件事，就会尽自己最大的努力完成。在工作时，每次周芳带着器材出去拍摄，看到的邻居会和她妈妈说："你们家周芳什么都好，就是太爱玩了，你看她又出去了。"但妈妈知道她是在按照自己的想法，有规划地做事，不只是在娱乐。因此，从转行到现在，家里人从来没有对周芳的选择提出过疑问，反而是更担心她的安全。水下拍摄已经超出了休闲娱乐的范畴，特别是一些技术潜水的拍摄，比如洞穴潜水，这应该算是全世界排名前几位的高风险活动，再加上海洋、河流本身是不可控的自然生态，都让这项事业比一般的工作更具危险性。而且，拍摄地点一般都很偏远，周芳出去拍摄，经常十天八天的没有办法和外界联系。但家里人知道她做事"靠谱"，虽然这条成才之路有些偏僻，也有风险，但却能让她更开心、更投入，更能让她感受到自我价值和人生的意义。

第十六课
芦燕云：追梦之旅上的执着和坚持

受访人 | 芦燕云（北京市西城区培智中心学校校长）

芦燕云是北京市西城区培智中心学校的校长，从小她就树立了当一名教师的理想。她在教育行业奋斗了17年，取得了卓越成绩之后，她又在西城区培智中心学校有需要的时候挺身而出，在这所特殊学校重新出发，使西城区培智中心学校荣获了4个第一：第一个成立的培智中心学校，第一个成立了学前幼儿园，第一个特奥圣火点燃的地方，第一套全国综合性教材出版。想干的事能干成，要干的事能干好，这是芦校长最大的特点，这份执着和坚持是孩子追逐理想道路上的榜样。

理想是当一名小学老师

小学老师是从小的志向

芦燕云一直以自己小学的一位语文老师为榜样，从小她的志向就是当老师，而且不当中学老师，一定要当小学老师。她在小学一直都当班干部，小学毕业的时候老师跟她说："我觉得你未来可以考虑当老师，你一定是一个出色的老师。"老师的这句话加深了她要当一名小学老师的信念，而且从来没有变过。

在芦燕云上学的年代，师范学校就是中专，可能只有那些生活比较困难，家里供不起上高中的学生才会选择师范学校，而其他同学一般都准备考高中，将来上大学，但是芦燕云了解到如果要成为一名小学老师，去师范学校学习是唯一的途径。于是在老师告诉学生想报考师范学校可以去找她时，芦燕云就报名了。其实当年芦燕云的成绩很不错，老师和同学都很好奇她到底是怎么想的，甚至觉得她是"另类"，即使在这样的情况下，依然没有改变她的决定。而且芦燕云也没跟父母商量过，录取的时候她的妈妈通过她的姐姐才知道芦燕云"考上师范学校了，还住宿"。

全身心投入教育事业

在芦燕云20岁生日那天，她正式成为北京市西城区北礼士路第一小学的一名老师，现在这所学校更名为北京市西城区外国语附属小学。当时芦燕云是语文老师兼任实验班的班主任，她把这些学生从一年级带到了六年级，是他们学校唯一一个坚持带满一届学生的老师。

到工作岗位之后，芦燕云也没有停止学习的步伐，她在教育学院脱产学习并获得大专文凭。然后芦燕云就开始担任教研组组长、教导主任，成了北京市西城区最年轻的教导主任，后来她又读了行政管理的本科和哲学的硕士研究生。之后，芦燕云成为小学高级教师，雷洁琼同志去他们学校参加活动，当时对芦燕云的评价很高，并推荐芦燕云加入中国民主促进会。因为芦燕云是高级教师，所以才有资格入会，当时她是北京市最年轻的民进会员。

特殊教育，从零开始

就在为教育理想奋斗17年之后，经过组织调动，芦燕云来到了西城区培智中心学校担任校长，这是一所专门针对智障儿童开设的特殊教育学校。

编教材

特殊教育学校当时并没有教材，芦燕云就带着学校老师开始编教材。这套教材不关注孩子认识几个字，能算几道题，而是关注孩子能不能从容地走向社会，能不能从容地面对未来的生活，这套教材的目的是培养孩子在离开父母、老师的情况下的自理能力及和正常人一样的交往能力。这是全国范围内的第一套特殊教育综合性教材，目前很多城市都在使用，已经成为培智中心学校的一张名片。

当芦燕云两年任期满的时候，教材才编写了一半，她想自己不可以半途而废，不能为了自己就这样离开。而且换了新校长之后，可能会停止这项工作，那老师们两年来花费的心血就白费了，芦燕云想着不能因为自己个人因素影响到老师们。因为这份责任心，她选择留下来，继续带着大家编教材，到第六年时教材编写完成。后来他们又发现教材有很多不完善的地方，就开始改版，接下来就一直干，坚持到了现在。

搞融合教育

后来学校有了办附属幼儿园的契机，芦燕云决定从幼儿园开始尝试融合教育，也就是同时招收正常孩子和特殊孩子，一般特殊孩子的比例占班级人数的10%。当时诸多领导轮番找芦燕云谈话，他们担心孩子的年龄小，如果出现问题，无论是谁受伤都不好处理，因此他们都不建议办附属幼儿园。因为对特殊孩子的早期干预会让他们终身受益，芦燕云这股劲儿就来了，想干的事情一定要干，所以她就跟领导说想试试，后来领导就勉强同意了。

虽然过程中有很多困难，但是他们幼儿园的特殊孩子基本上都可以到普通学校随班就读，这种早期干预帮助特殊孩子得到很大程度的改善。这种早期干预的模式也得到了普通幼儿园的认可，有很多幼儿园都愿意跟他们幼儿园牵手，希望能够和他们幼儿园变成姊妹园，希望学习这些老师的经验。

发展特奥

西城培智与中国特奥的发展有着密不可分的关系。联合国播放中国特奥视频时开头有这样一句话，要想了解中国的特奥，不能不走进北京，不能不走进西城培智，西城培智标志着中国特奥的发展，而且中国特奥的圣火是在西城培智点燃的。在西城培智的努力下，诞生了大批优秀的特奥运动员，杨燕、贾思蕊都是从西城培智毕业的。杨燕是2007年上海特奥会的第一位旗手，贾思蕊是当时特奥的大使。

芦燕云认准的事情一个是教材，一个是特奥。她觉得如果组织学生搞特奥活动，就必须要有融合伙伴。芦燕云是从普通学校来的，那时候跟她在教研室一起工作的同事们都成了校长，所以她就轮番找他们，说服他们同意学校的学生一起搞特奥。融合伙伴一方面是维持比赛正常进行的需要，另一方面体现了融合教育的理念，通过跟正常孩子在一起生活、学习，保障特殊孩子有跟同龄人正常交往的机会和权利。

　　刚开始的时候，他们对特奥完全不了解，经过芦燕云的解释，他们都表示赞同，最终150多个孩子跟当时西城区100多所学校手拉手，实现了一个特教孩子牵手一个普通学校的目标，他们学校的学生都成了特奥融合伙伴。当特奥的孩子生活中有了困难，牵手学校的所有人都会去支持他，帮助他。

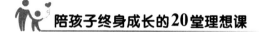

第十七课
宋能超：脚踏实地，干一行爱一行

受访人 | 宋能超（合肥市轨道交通集团有限公司运营分公司
电客车日勤队长）

　　理想并不总能实现，这时候如何调整自己，找到人生的新方向呢？"90后"小伙儿宋能超选择成为一名地铁司机，并在工作岗位上永攀高峰，绽放着光彩。他的成长故事告诉我们，平凡的职业和岗位也自有精彩，无论将来孩子从事哪一行，都要干一行爱一行，脚踏实地地奋斗，付出多少努力，就会收获多少美好和快乐。

与理想失之交臂后，找到了人生新方向

　　和很多的高三学子一样，能上一个梦寐以求的大学是宋能超的理想，而且受到外公的影响（宋能超的外公当年曾参加过抗美援朝战争，荣获二等功），宋能超也渴望成为一名军人，但因为高考失利，他与这个理想失之交臂。偶然间，宋能超在报纸上看到了一则消息：武汉铁路职业技术学院正在招收合肥市的第一批地铁司机，而且是"订单"式培养，毕业后就能上岗。当时宋能超知道合肥地铁1号线在修建中，但他对地铁行业几乎一无所知，不过他认为这份工作离家近，比较稳定，这

个新兴职业也有发展空间，加上父母的支持，他就去报了名，后来幸运地被录取了。

任何人都不会随随便便地成功，它来自彻底的自我管理与完全的意志，他把这句话当成了自己的座右铭。当初报考地铁司机的时候，父母对宋能超说，行行出状元，不要怕苦怕累，要不断去学习并提升自己。

干劲儿十足，乐在其中

虽然地铁司机只是一份蓝领工作，但宋能超干劲儿十足，也乐在其中，他已经安全行驶近15万公里，在岗期间未发生一起有责安全事故。因为当初这个选择，宋能超还在学校里结识了现在的妻子——一名地铁一线服务人员，两人共同守护着地铁的安全线。

让宋能超特别骄傲的是，合肥市总工会以宋能超命名了"宋能超蓝领创新工作室"，给新手司机进行技能培训，组织技能竞赛、上岗考试，参与制定作业标准，等等。现在，这个工作室已经成为地铁司机成长、成才的重要平台。通过工作室名师带学徒的方式，宋能超把自己在工作中积累的经验、技能分享给更多的司机，帮助他们提升职业技能水平，更熟练地上岗。每天早上发车前，宋能超和其他司机都会在车库里拿着手电筒，围车绕一周，仔细检查设备情况，比如前一天使用的工具是否有遗留，列车上的螺母有没有松动，等等，这些习惯都是他成为地铁司机后开始形成的，从无一次松懈。

好司机也需要"过五关斩六将"

听起来地铁司机是个像汽车司机一样的熟练工种,但想成为一名合格的地铁司机,也需要"过五关斩六将"。宋能超当时所在的学校采用的是学校和就业单位一起进行联合培养的方式。学生要先在学校经过为期两年半的专业学习,包括理论知识、技能知识等,学校学习结束后,还需要在公司内进行为期9个月的专业技能培训,考试合格后,才能获得上岗资格证。同时,还会有相应的体能测试和心理素质测试,所有的测试都合格后,才能正式成为一名地铁司机。

除此之外,地铁司机每个月都要进行一次集中培训和考试,不断地学习故障处理方式和新的规章制度。除了专业技能的要求以外,地铁司机也需要具备综合能力和素质。一辆地铁载着几千人高速运行,如果有突发情况,必须要冷静处理、果断处置,因此,思考能力、沟通能力都不可或缺。

在宋能超刚刚独立驾驶列车时,在一次区间运行中,有位乘客报警说旁边的乘客晕倒在地,通过监控,宋能超看到一个年轻女性正躺在地上,浑身抽搐。面对这种情况,宋能超在短时间内做出了判断并准确地向后台传达了信息,确保与后方车辆之间的安全间隔,并且联系了站台,通知前方的工作人员做好防护急救的准备,同时对车厢内乘客进行了安抚,避免了恐慌的发生……这次紧急事件,宋能超处理得非常好,避免了更多意外的发生。

第十八课
朱德恩：北京冬奥会开幕式小号手的成长之路

受访人 | 朱德恩（2022年北京冬奥会开幕式小号手）、

朱光夫妇（朱德恩的父母）

第二十四届冬季奥林匹克运动会开幕式于2022年2月4日在北京国家体育场举行。在开幕式上，有一个小男孩静静地站在"鸟巢"的舞台上，吹响了《我和我的祖国》，号声悠扬，响彻夜空。看台上的观众传递着国旗，情不自禁地合唱起这首歌曲。这一幕，感动了无数中国人。这位当时9岁的小男孩名叫朱德恩（以下简称恩恩），我们邀请到了恩恩和他的爸爸妈妈一起分享恩恩从成为候选人到站在"鸟巢"的舞台上的故事。这个备战开幕式的故事告诉孩子，追逐理想一定会经历一段艰辛的过程，但要学会笑着吃苦，苦中作乐。

百分之百信任爸爸，开启"魔鬼练习计划"

恩恩学习小号的时间并不算长，之前他更多的是学习钢琴和一些基本的乐理，但是家庭音乐氛围的熏陶，使他非常具备独奏的气质和气场，因此最终被张艺谋导演选中，成为小号独奏的候选人之一。一直在为开幕式进行小号独奏准备的是3个

孩子，直到看到电视转播的画面，朱光夫妇才知道最终登场的是恩恩，9岁的小家伙为了这次开幕式付出了太多太多……

朱光老师担心孩子的年龄偏小，学习小号的时间也短，想尽快帮孩子提高独奏水平，于是给孩子拟订了"魔鬼练习计划"，尤其在开幕式的前两个月，孩子每天基本要站立吹奏4小时，就是为了锻炼孩子的力量，保证气息的稳定性。

此时的朱光既是严父，更是严师，他会拿着"教鞭"对孩子进行指导，毫不含糊。有时候孩子实在是太累了，站得浑身大汗，真是站不住了，也会流眼泪，耍脾气，但他对爸爸有充分的信任，因此总会尽快调整自己，擦干眼泪，继续跟着爸爸进行练习。朱光老师也很感谢恩恩对他百分之百的信任，正是父子间的相互信任，才让恩恩的演奏水平迅速提高，最终呈现出那感动世界的一幕，让音乐的力量直抵人心。

教会孩子笑着吃苦

很多人看到恩恩的表现，都会说，这孩子肯定吃了不少苦。朱光老师回复道："我承认，学乐器是件很苦的事，但人生中何处没有苦呢？想把乐器学好，就是得吃苦。"朱光老师回忆起自己小时候学习音乐的经历。朱光的父亲是新中国第一代小号演奏家朱尧洲老先生，也是军人；母亲是钢琴演奏家。在这样的家庭中成长，耳濡目染能学到很多，而且父母对孩子的要求也非常严格，尤其是基本功的练习，在这样日复一日枯燥的练习中才能有所成就。朱光老师也发现，想要把一件事情做好，除了吃苦，也要有兴趣，如果有兴趣加持，苦是可以笑着吃的。

因此对于孩子的乐器学习，朱光老师也更倾向于兴趣引导，更多地去强调孩子的自主性。

朱光老师也真诚地和更多父母分享："孩子可以靠着兴趣入门，但是父母必须要做好思想准备，音乐学习的过程必然要面临老师严格的教导，要经历大量的练习，这是一个漫长又枯燥的过程，就像恩恩一样，他起初想学吹小号也是因为看我吹小号觉得很好玩，但是当我严格要求他突破自己的极限时，他也会哭，会畏难，但总要走过这样一段路，才能帮孩子走到更宽敞的大路上去。对于孩子吃苦这件事，父母要理性看待，不能怕孩子吃苦，但又要让孩子体验并理解苦后就是甜，这样的苦，孩子会笑着吃下去。"

自我的强大，是孩子好心态的依托

当被问到站在"鸟巢"吹小号是否会紧张和害怕时，恩恩笑着说："不紧张啊！我会吹好的，有什么害怕的？"朱光老师认为孩子能拥有如此稳定心态的秘诀是自我强大就什么都不怕。

在知道恩恩成为小号独奏的候选人后，朱光老师和恩恩同步了很多信息，比如这次冬奥会开幕式的重要程度，现场有重要的国家领导人和国际奥委会的领导，全球会有几十亿人通过直播观看开幕式。恩恩听了后，开始有压力了，但朱光老师觉得有压力是好事，因为有了压力就代表他已经开始重视起这件事情来。那么如何缓解压力呢？朱光老师告诉恩恩："如果你的演奏水平提升了，你自己强大了，你就能非常从容地驾驭这首曲子了，你就不需要紧张了，因为这件事情完全在你的掌控范围之内。"朱光老师的爱人也表示，在孩子的成才之路上，刻苦占第一位，天赋占第二位，机遇占第三位，因此她也和更多父母分享，想让孩子成才，刻苦练习基本功最重要，只有自己的水平达到了，才能去谈机遇，如果本身水平欠缺，那么机遇来了也很难抓住，而机遇这种事情，要学会用平常心去看待，人只要自己足够强大，一生会有很多机遇。在演出筹备中，其实有很多不为外人所知的小插曲，但恩恩一直心无旁骛，只关注提升自己的演奏水平，让自己更强大。

第十九课
王正：北京冬残奥会开幕式上的追梦少年

受访人 | 王正（北京盲人学校学生）

　　2022年北京冬残奥会开幕式的暖场环节上，一曲中德双语歌曲《乘着歌声的翅膀》在国家体育场"鸟巢"上空回响。这首歌是由13位来自北京盲人学校的孩子们演唱的，他们用天籁般的声音打动了全世界的人。王正就是这首歌曲的演唱者之一，他用自己的成长经历为我们讲述了一段动人的理想故事，而这个故事离不开他的努力与付出。

在"鸟巢"歌唱，激励自己努力追梦

　　王正从小就喜欢唱歌，早早地就加入了学校的合唱团。除此之外，他每周还会额外抽出时间去学习乐理知识，希望能不断地提升自己的音乐造诣，为实现自己的理想而努力。在学校合唱团，王正经常和同伴外出演出，北京天桥剧场、中山音乐厅、国家大剧院，这些舞台上都留下了他们的身影。关于自己的理想和对未来的设想，王正说："我希望将来能成为一名音乐家，站在舞台上表演时，台下坐满了人，现场响起雷鸣般的掌声。"

　　谈及在2022年北京冬残奥会开幕式上的演出，王正说这正

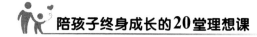

是他追逐理想过程中的一个里程碑，因此他特别珍惜第一次站在国家舞台上，第一次为全世界人民歌唱的机会，在整个排练和表演中，他都尽了自己最大的努力。

第一次熬夜的体验

在排练期间，王正有了前所未有的熬夜体验，他说熬得最厉害的一次是从上午10点一直排练到了第二天凌晨5点，然后回到住的地方休息了几个小时又前往"鸟巢"排练。而在此之前，王正一直都保持着规律的作息，最晚也不会超过晚上10点睡觉。虽然这次的熬夜让他感到疲惫，但一想到能站在国家的舞台上，去追逐自己的理想，王正说自己就能马上像充了电一样激情四射了。

从零开始学德语

除了不规律的作息以外，王正还面临着语言学习的压力。当天王正和同伴们需要演唱《让我们荡起双桨》和《乘着歌声的翅膀》这两首歌曲，大家都对这两首歌很熟悉，但是《乘着歌声的翅膀》需要用中德双语演唱。在此之前，他们完全没有接触过德语这门外语，于是老师就逐字逐句地教，把这首歌掰开了，揉碎了，录制成音频发给他们，让他们反复练习。王正提到他只用了一个星期的时间就记住了德语歌词，学会了唱法，还积极主动地向同伴们分享自己的学唱经验。听到别人夸他学习能力强的时候，王正轻描淡写地回应道："就一小段，没那么困难。"其实这是他听了无数遍、学唱了无数遍的结果。

反复练习表情和动作

除了语言的挑战以外，王正和同伴们还面临着形体学习方面的困难，他们要学会用表情和动作传递感情。唱歌的时候，不仅要做到面带微笑，昂首挺胸地站在舞台上，声音中也要传达感情。在学习站姿时，王正是看不见的，因此只能通过触摸老师的身体去感受正确的姿势是什么样的，然后一遍一遍地练。"脚后跟、臀部、肩膀和后脑勺都要紧贴墙面。"王正说，这些"站墙根"的要领大家都烂熟于心，每天都要专门花费一个小时左右的时间进行训练。因为要面向全世界人民进行表演，所以王正和同伴们都对自己提出了更高的要求，比如他们经常自己进行咬筷子练习，就是为了感受脸部的表情和肌肉动作，学会正确的微笑。最终，王正和他的同伴们呈现了一场精彩绝伦的演出。王正提到，这次表演经历让他备受鼓舞，他会更加努力地追逐自己的音乐梦想。

积极乐观的心态，是理想实现道路上不可或缺的特质

理想实现的过程中会有很多的困难，积极乐观的心态是不可或缺的。而王正正是这样一个积极乐观的阳光少年，这与王正父母积极乐观的人生态度密不可分。尽管王正在成长中经历着更多的艰辛和困难，但王正的父母一直都保持着积极乐观的心态，并努力把这种心态传递给孩子。王正妈妈提到孩子刚出生的时候，他们也经历过一段时间的迷茫和惆怅，但很快意识到消极的情绪对解决问题无益，而且可能会影响到孩子，于是他们开始调适自己的心态，选择积极乐观地去面对生活，主动学习相关的养育知识，陪着孩子一步步慢慢成长。

积极帮助他人，实现更远大的梦想

除了自己的音乐梦想，王正还有一个努力的人生方向——尽自己所能去帮助别人。他说在成长的过程中，得到过很多人的帮助和支持，他也应该努力去帮助别人。在2022年北京冬残奥会开幕式表演的排练过程中，他总是积极主动地去照顾其他的小伙伴。平常在学校里，积极、热心是同学和老师对王正的评价。有一次同学出了车祸，王正主动把自己的零用钱捐出来，还召集大家一起捐款，安慰这位同学好好休息，希望他尽早康复。

不仅如此，王正还是一位积极参加志愿服务活动的小志愿者，唱歌、朗诵是他的拿手才艺，他就通过发挥自己的这两项所长，为他人带来快乐。从2016年开始，王正就加入了北京馨飞扬志愿者团队，这个公益组织会在周末组织志愿者们到敬老院进行慰问演出，每次王正都积极参加，到敬老院给老人进行表演。王正说："我喜欢和大家在一起的氛围，也喜欢能给别人带来快乐的感觉。"

第二十课
侯张弈涵：远大理想需要脚踏实地

受访人 | 侯张弈涵（北京小学学生）

侯张弈涵（小名果果），曾担任中华人民共和国成立70周年庆典仪式中童声合唱的领唱。果果说自己的理想是成为一名科学家，解决世界上一些尚未突破的科学难题，用科技造福人类。

用歌声为祖国母亲庆生

果果是学校合唱团的成员，平时很喜欢唱歌，他认为唱歌能抒发自己的情感，能让自己心情愉悦，而对于有幸参加了在天安门广场用歌声为祖国母亲庆生的这个大活动，他既开心又自豪。

2019年10月1日，在中华人民共和国成立70周年庆典仪式上，由3000个孩子一起唱响了《今天是你的生日》，天籁般的童声萦绕在天安门广场的上空，孩子们真挚的情感和美妙的歌声深深地打动着所有人，果果正是当时4位小领唱中的一位。

成长就是克服"小"问题

在领唱者中，果果是年龄最小的，而且他活泼好动，想顺利地完成领唱任务，很多小动作都需要纠正，尤其是唱歌时眨

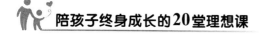

眼的问题。庆典的大合唱环节安排在户外阳光最灿烂的时候，小演员们至少要保证一段时间内不能眨眼，这对果果来说真的有些困难，为此果果妈妈专门带孩子不断练习，同时在形体老师的帮助下，这个困扰果果的"小"问题总算解决了。

回顾起这段经历，果果说："任何事情只要努力，就会发现它非常简单。但是如果没有努力，就会觉得它一直无法克服。我觉得我练习不眨眼就是一个非常典型的例子。"果果妈妈则说，每个孩子的成长过程中都会遇到这样的"小"问题，帮助孩子克服一个个"小"问题，孩子就会看到自己的成长，更有成长的动力。

树立责任意识，为成长积蓄力量

果果在班级里也是年龄最小的，因此自理能力和自律性要差一些，但自从庆典活动结束之后，老师感觉到，他在自理能力和自律性方面有了明显的进步。

果果妈妈认为其中一个重要的原因要归结于孩子对自我的要求提高了。当时的庆典活动报道中，都在说选出的4位小领唱是少先队队员的代表，这让果果无形中对自己提出了很高的要求，时刻谨记要做好表率作用，严于律己。

国庆庆典活动结束之后，果果还参加过几次类似的主题活动，每参加一次活动，果果都在不断地对自己提出新要求，同时也在心中积聚对国家的情感，潜移默化地树立责任感。而这些就像是一颗种子在慢慢地孕育之中，并会在他以后的成长过程中持续地释放能量。

成为造福人类的科学家

在被问到理想话题时，果果说自己特别想成为一名科学家，发明一些有用的东西，推动科技进步，造福人类。

积极引导孩子的兴趣

果果的这个理想，与父母对他科学兴趣的引导、支持，以及他在成长过程中慢慢形成的社会责任感密切相关。

果果的父母都是理工科专业出身，尤其是果果爸爸在和孩子聊天时，讨论的基本都是与科学相关的话题，比如解读生活中的物理现象，或者一座楼是怎么建成的。孩子正是对万事万物充满好奇心的时候，父子俩的聊天能极大地满足果果的好奇心，再加上阅读一些有意思的科普书籍，慢慢地，果果就对科学产生了浓厚的兴趣。

果果妈妈说，其实有时候果果提出的问题她和果果爸爸也回答不了，这时候书籍或网络就成了他们一起继续去探索科学真相的好帮手。她认为，哪个父母都不是"百科全书"，并不能解答清楚孩子的所有问题，但是引导孩子对此越来越有兴趣，是父母能做到的，也是父母最该做的。

让阅读为孩子答疑解惑

果果妈妈特别重视对果果阅读能力的培养，果果一岁多的时候，妈妈就开始给他订阅杂志，给他讲故事，教他在图画书上学认字，等等。果果在上小学之前就已经能做到"无障碍阅读"了，在上二年级之前，果果已经看完了"哈利波特"系列的7本图书，他特别喜欢看书。

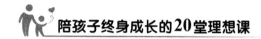

关注眼前，提供尽可能的支持

作为家长，果果妈妈很认可果果现在的理想，但她也提到，每个人的未来都充满了很多不确定性，也许孩子的理想会有所改变和调整，但父母能做到的就是做好眼前的事，给孩子提供尽可能多的支持，比如果果正对科学感兴趣，就多给他买这方面的书，经常带他去博物馆或科技馆参观。

果果妈妈还想和其他父母分享的是，无论孩子将来在什么行业发展，都可能会遇到特别艰难的时刻，但克服困难后就会收获难以言表的成就感，更有成长的后劲儿。因此，培养孩子勇于克服困难，在克服困难的过程中汲取能量，这是需要父母从小就给孩子传递的理念。

《陪孩子终身成长的 20 堂理想课》
课堂笔记

理想，一起向未来

——2022年北京家庭教育主题培育实践倡议书

理想是照亮成长道路的灯塔，也是激发人生奋斗的动力。为进一步奠定孩子成长、成才的基础，坚持立德树人，加强理想教育，引导孩子从小树立正确的世界观、人生观、价值观，在续写"双奥之城"荣耀中成就更好的自己，北京市妇联、北京市教委、北京市关工委向首都广大家庭发出如下倡议：

一、树立人生理想，担当时代之责。少年强则国强。帮助孩子从小树立崇高远大的理想，引导孩子学史知史，传承红色基因，厚植家国情怀，从小坚定听党话、跟党走的决心，将个人理想融入实现中国梦的伟大实践。

二、传承优良家风，砥砺强国之志。家庭是人生的第一所学校。将理想教育贯穿家庭日常生活，弘扬爱国爱家、相亲相爱、向上向善、共建共享的社会主义家庭文明新风尚，让孩子在和谐有爱的家庭环境中坚定理想，促进孩子德智体美劳全面发展。

三、锤炼品德修养，实践报国之行。仰望星空，脚踏实地。培养孩子崇德向善、勤俭节约、诚信友爱、遵纪守法，增强孩子的科学探索精神，从小树立正确的成才观，牢记"请党放心、强国有我"的奋斗誓言，成长为担当民族复兴大任的时代新人。

理想，是希望，是航标。让我们共同扬起理想之帆，奋进新征程，一起向未来！

扫码可观看《理想，一起向未来》宣传片

《20堂家教课提升你的陪伴力》

内容简介：

　　本书以20位人物采访为主线，讲述了20堂精彩的关于陪伴力的家庭教育指导课，从孕期伊始到陪伴孩子成长，带您一起聚焦深度陪伴，探讨陪伴内涵，提升陪伴质量，感受陪伴力量。

《20堂家教课培养孩子的感恩心》

内容简介:

　　本书以20位人物采访为主线,从多个角度深度探讨感恩的内涵和意义。来自儿童心理、早期发展、教育学等不同领域的专家,从专业角度解读感恩教育的内涵,拓宽家长对感恩教育理解的深度和广度。不同行业的代表人物,从自身角度讲述如何在家庭和生活中践行感恩教育,分享感恩故事。